Ingrid Riedel · Träume weisen den Weg

Ingrid Riedel

Träume weisen den Weg

Kreuz

Inhalt

Träume als Wegweiser

Lassen sich Krisen, Chancen und Entwicklungsaufgaben der jeweiligen Lebensstufe und die Art und Weise der Lebensübergänge an Träumen erkennen? Lebensübergänge treten nicht einfach nach dem Kalender ein, obwohl sich auch bei der Feier der »runden Geburtstage« entsprechende Gefühle des Übergangs einstellen können. So viel lässt sich gleich zu Anfang sagen: Diese Schwellen kündigen sich sogar untrüglich in unseren Träumen an, vor allem in den Emotionen, die mit ihnen verbunden sind. Träume werden dadurch zu Wegweisern in ganz prägnantem Sinn. Vor allem die Zielrichtung ihrer Botschaft, die finale Funktion, soll im Folgenden deutlich werden.

Träume lehren uns immer wieder staunen über das innere Wissen unserer Psyche, über ihr Ahnungsvermögen und ihr Vorauswissen von der symbolischen Bedeutsamkeit unseres Entwicklungsweges. Sie erst lehren uns überhaupt, dass es einen Entwicklungsweg, einen inneren Fahrplan des menschlichen Lebens gibt, dessen Phasen und Rhythmen unserer Psyche eingestiftet zu sein scheinen. Dies zu erfahren ist für viele tröstlich und schafft Vertrauen in die größeren und tieferen

Zusammenhänge unseres Lebens. Wenn ich mit 30 oder auch 50 Jahren in eine Krise meiner bisherigen Identität, meines bisherigen Lebensverständnisses gerate, heißt das nach dem Verständnis der Analytischen Psychologie gerade nicht, dass ich eine labile Persönlichkeit wäre, sondern darin zeigt sich vielmehr meine Offenheit und meine Durchlässigkeit für die objektiv anstehenden Umbrüche, für den Anstoß und den Aufruf der Psyche zur Weiterentwicklung.

Die eigenen Übergangserfahrungen verbinden uns mit den großen Erfahrungen der Menschheit, so dass wir uns von ihnen mitgetragen fühlen, und das gilt auch für die verschiedenen Altersstufen, zu denen ich im Folgenden Träume vorstellen werde. Dass es Lebensübergänge nicht nur für mich allein gibt, sondern für alle und immer wieder, kann zugleich die Angst vor den anstehenden Transiten mildern und dazu verhelfen, den Mut aufzubringen, sich auf Prozesse einzulassen, die unabdingbar zur Entwicklung eines jeden Menschen gehören. Es handelt sich bei solchen Durchgängen und den entsprechenden Engpässen eben in gar keinem Sinn um »Pannen« oder um ein Versagen, sondern immer wieder neu um die Voraussetzung dafür, auf die nächste Lebensstufe zu gelangen. Schon dies zu begreifen kann ermutigen: Eine Analyse beispielsweise, die in eine echte

Übergangskrise führt, zu der auch eine Identitätskrise gehören kann, sollte man keinesfalls als »falsch gelaufen« betrachten. Sie hat vielmehr an den kritischen Punkt geführt, wo es das alte Lebensufer zu verlassen gilt, um den Übergang zum neuen Ufer zu wagen. Wenn wir zudem erfahren, dass jeder dieser Lebensübergänge – analog der ersten Initiation bei vielen Völkern – aus drei Phasen besteht, dem Abschied, dem Übergang und dem Neubeginn, so kann ich in jeder der drei Phasen spüren, dass es mit ihnen seine Richtigkeit hat und dass es darauf ankommt, sie auszuschreiten, um dann den nächsten Schritt tun zu können. Der letzte Schritt besteht jeweils in der allmählichen Integration des beim Übergang Gewonnenen in die eigene Person, den eigenen Beruf und die wichtigsten Beziehungen.

Lebensübergänge haben je einen verschiedenen Charakter, ob sie nun bei Berufswechsel, bei einer lebensgefährlichen Krankheit, beim Verlust einer langjährigen Beziehung, bei der Vertreibung aus der Heimat oder beim Abschied von einem liebgewordenen Lebensort anstehen.

Bei aller Verwandtschaft untereinander haben aber die gleichsam regulären Übergänge, die mit keinerlei außergewöhnlichem Schicksalsschlag oder Unglück zu tun haben, sondern naturgegeben sind, einen je eigenen Charakter. Sie ergeben sich, wenn auch oft mit nicht geringerer Dramatik, aus dem Wechsel der Lebensstufen, der Lebensalter selbst. Nach jeweils sieben oder auch nach zehn Jahren stehen deutliche Schwellenüberschreitungen an, der Überstieg beispielsweise über die Schwellen der zwanziger, der 30er, der 40er Jahre, von den schwierigeren Übergängen in die 50er und 60er Jahre ganz zu schweigen. Was zeichnet diese Übergänge jeweils aus, wo liegen deren besondere Krisen und Chancen? Und vor allem: Wie kommt man über die jeweilige Schwelle, und wie kündigt sich der notwendige Übergang an?

Eines scheint deutlich zu sein: An solchen Schwellensituationen pflegen sich Träume einzustellen, vielleicht sogar zu häufen, die den Übergang einleiten und begleiten. So sagte kürzlich ein 12-jähriger Junge, aufgeklärt und belesen, wie man heute mit zwölf Jahren sein kann, mit einem angstvollen Augenaufschlag zu seiner Mutter: »Jetzt kriege ich schon langsam ziemlich viel Angst vor der Pubertät ...« Nicht genau nach Jahren, wohl aber nach Phasen scheint sich unser Leben zu gliedern, und ein Phasenwechsel kündigt sich genau mit einer solchen Beunruhigung an, wie dieser 12-Jährige sie zu erkennen gibt. Diesen Phasen und den ihnen entsprechenden Träumen will ich mich im Folgenden zuwenden.

Übergangsphasen zu durchleben braucht Geduld, bei den Betroffenen selbst, aber auch bei den anderen, die sie begleiten. Dazu gehört auch die sorgsame Beachtung und Betrachtung der in solchen Zeiten entstehenden Träume. Übergangsphasen emotional zu überspringen wäre ungünstig, könnte das Ankommen in der neuen Phase verzögern, ja eine Fixierung in der alten bewirken. Der Sprung ans neue Ufer will gewagt sein.

Die Adoleszenz

An erster Stelle möchte ich nun den großen Lebensübergang von der Kindheit zur Adoleszenz bedenken, eine typische Aufbruchsphase vor allem in der ersten Zeit der beginnenden Geschlechtsreife, die heute sehr früh eintritt, oft schon mit elf, zwölf Jahren. Man rechnet heute damit, dass sich die Adoleszenz bis in die 20er Jahre hinein ausdehnt, und unterscheidet die Pubertät nicht mehr als eine eigene Phase, sondern als Übergangszeit, die zur Adoleszenz gehört. Die Adoleszenz mit ihren Umschmelzungsprozessen bedeutet im Übrigen die »zweite Chance« (Mario Erdheim), bis dahin vielleicht noch nicht ganz vollzogene Entwicklungsschritte der Kindheit nachzuholen. Ein typischer Traum der frühen Adoleszenz ist der folgende Traum einer 14-Jährigen:

Das Elternhaus verlassen

»Bei Nacht und Nebel verlasse ich mein Elternhaus; es ist mir wichtig, dass ich dabei nicht gesehen werde. Noch stehe ich auf der Treppe vor der

Haustür. Dann hebe ich ab und fliege in den Nachthimmel davon.«

Sie verkraftet es noch nicht, sich offen vom Elternhaus abzusetzen, andererseits ist sie bereits selbstständig genug, um Geheimnisse auch für sich behalten zu können, was jüngere Kinder und Jugendliche oft überhaupt noch nicht können. Bei Nacht – dem Unbewussten, dem Versteckten nahe – wagt sie wie in einem Probehandeln das Wegfliegen. Fliegen bedeutet im Traum immer auch, sich über die bisherige Situation zu erheben, von ihr abheben zu können, die Schwerkraft der Wirklichkeit zu überwinden – und hängt oft, aber nicht immer, mit der Fähigkeit zusammen, in eine Fantasiewelt auswandern zu können, die über die Mühsal der einzelnen Schritte in die Wirklichkeit hinaushebt. Hoch im Nachthimmel mag es nun zwar recht fantastisch sein, aber es ist gewiss auch einsam. Dennoch steht dieser Weg in die Ablösung altersgemäß an und will ins Bewusstsein treten.

Hexe und Riesin

Eine 16-Jährige muss im Traum beim Verlassen des Elternhauses sogar durch das Schlafzimmer ihrer Eltern hindurch – entsprechend den realen Wohnverhältnissen –, wird aber am Fenster bereits von einer Hexe erwartet, bei der sie sich hinten auf den Besen setzen und gemeinsam mit ihr abfliegen kann. Später durchschreitet sie als Riesin, die mit Leichtigkeit das Elternhaus und die Schule zertreten könnte, die Stadt, in der sie als Lernbehinderte so viele Demütigungen erfahren hat. Sie tut es aber nicht, es genügt ihr, die Macht zu haben, es zu tun.

Der Traum dieser Jugendlichen, die in psychologische Beratung kam, zeigt unmissverständlich, wie ihr die Eltern – auch die »Schlafzimmersituation« ihrer Eltern und deren schwierige Beziehung zueinander – den Weg ins altersgemäße, freiere Leben verstellen. Die Eltern, narzisstisch gekränkt durch die schulische Behinderung ihrer Tochter, gestehen dieser nicht die geringsten Freiheiten zu, wie es zum Beispiel der abendliche Ausgang mit Gleichaltrigen wäre, ignorieren vielmehr ihre Entwicklung zur geschlechtsreifen jungen Frau und halten sie wie ein Kind. Als müsste sie durch ihre Lernbehinderung gleich ganz und gar von jeder Entwicklung ausgeschlossen sein. Deshalb ist für sie der Kontakt zu einer Hexe sehr wichtig – sie gleicht einer älteren, für junge Männer schon sehr attraktiven Freundin –, bei der sie zunächst wie auf deren Rücksitz »aufhocken« kann. Durch Kontakt mit den Hexeneigenschaften der Freundin, vor allem mit deren erotischer Zaubermacht, aber auch deren bereits gewonnener Autonomie gegenüber den Eltern, wird sie selber in ihrer Fantasie »powerful«, wächst zur Riesin heran, die, wenn sie wollte, auch zerstörerisch werden könnte. Die Riesin ist eine Überkompensation der Demütigungen, die ihr durch Schule und Elternhaus, wie sie es empfindet, zugefügt worden sind. Die Fähigkeit zu destruktiv-aggressivem Handeln gehört zur Adoleszenz, auch wenn sie nicht unbedingt zu unkontrolliertem Ausbruch führen muss, wie es auch hier nicht geschah. Dieser Traum löste jedoch bei der 16-Jährigen den starken Impuls aus, sich nicht länger als Kind behandeln zu lassen und von den Eltern endlich die altersgemäßen Kontakte mit der im Traum vorkommenden Freundin und mit jungen Männern zu erkämpfen.

Protesthaltung

In der Adoleszenz erlebt sich der junge Mensch bewusst als ein anderer Mensch als der, der er zuvor war, als einer, der sich deutlich von den Prägungen und Normen seiner Familie abhebt. Oft werden Aspekte, die zum Schattenbereich der bisherigen Familie gehörten, jetzt bewusst ins Leben einbezogen oder zunächst auch in gleichgeschlechtlichen Freundschaften oder in Peergroups gesucht und gefunden. Was der Herkunftsfamilie und deren Normen, deren Werten widerspricht, gerade das wird attraktiv.

Das gekochte Mädchen

So erlebt eine 18-Jährige, die sich bis zur Essensverweigerung und schließlich Magersucht von ihren Eltern abgegrenzt hatte, in ihrem Traum, wie eine entfernte Verwandte, die wegen ihres eigenwilligen Wesens der ganzen Familie als Schreckbild galt, ein großes Feuer angemacht hatte, über dem sie in einem altertümlichen Kessel Badewasser aufheizte. Bei genauerem Hinsehen entdeckte die Träumerin, dass jene Frau in ihrem Kessel ein junges Mädchen baden ließ, in offenbar siedendem Wasser, in dem es geradezu »kochte«. Die Träumerin rief entsetzt ihren Vater herbei, um ihm zu zeigen, was jene schreckliche Person soeben anrichtete, doch der Vater reagierte überhaupt nicht. Schließlich erhob sich jenes Mädchen, das im Kessel saß, noch in Dämpfe gehüllt aus dem Wasser und ging als schöne junge Frau mit einem Kind im Arm wie eine Erscheinung daraus hervor.

Bei näherem Bedenken des Traumes und den darin erscheinenden Gestalten zeigte sich erst, dass die von der Familie so sehr abgelehnte Verwandte, die im Traum den Kessel aufheizte, nicht

16

nur exzentrisch, sondern auch eine sehr originelle und ihre Weiblichkeit betonende Frau ist. Eben diese heizte den Kessel an, in dem ein junges Mädchen offenbar gebadet, gereinigt, vielleicht aber auch »gargekocht« werden sollte – offenbar, damit es zur erwachsenen jungen Frau werden kann. Dieses Verwandlungsmotiv ist archetypisch und weit verbreitet. Schließlich entsteigt das Mädchen dem Bad, wobei es sich geradezu transformiert, in Dampf auflöst und als eine andere Gestalt, eine schöne junge Frau mit Kind, aus diesem Badekessel hervorgeht. Die Verwandlung ist augenfällig.

Für das junge Mädchen enthielt dieser Traum, der sie sehr bewegte und aufregte, eine doppelte Botschaft: Das Mädchen im Kessel wird durch jenes Bad zur erwachsenen Frau, dazu zur fruchtbaren. Dies alles geschieht unter den Händen jener bisher so abgelehnten Verwandten, die aber offenbar genau die Eigenschaften hat, die die Träumerin selber zu ihrer Entwicklung benötigt und die sie zur Zeit durch ihre Magersucht noch abwehrt, indem sie sich weigert, weibliche Formen anzunehmen und damit eine Frau zu werden. Der Vater, den die Träumerin in dieser Situation zu Hilfe ruft, dessen Empörung und Eingreifen sie herausfordern möchte, reagiert nicht. Es ist deutlich, dass es sich hier um die weibliche Reifung handelt, für die der Vater sich nicht kompetent fühlt beziehungsweise es auch wirklich nicht ist. Die sehr vatergebundene Träumerin erlebt hier, dass sie ein Stück weit ihren eigenen Augen und Gefühlen trauen muss.

Löwen und Schlangen: aufbrechende Triebimpulse

»Ich bin in der Wüste, niemand ist da. Ich habe große Angst. Ich fürchte mich vor wilden Tieren, dabei denke ich an Löwen. Ich überlege mir, wie ich wirkungsvoll mit Löwen umgehen könnte. Ich habe keine Waffen. Plötzlich kommen viele Schlangen auf mich zu. Mich packt eine riesige Angst. Ich rufe meine Mutter und erwache, als ich mich rufen höre.«[1]

Triebe, symbolisiert als Löwen und Schlangen, bedrohen das noch ungefestigte Ich. Bei der Mutter wird noch immer Schutz gesucht. Mit dem Löwen erwacht aber auch das Streben nach Autonomie, das dieses Tier verkörpert, das Selbstbewusstsein, die Kraft und der Stolz, sich zu behaupten. Am schlimmsten erschrecken den jungen Mann die Schlangen, Triebkomponenten, die sexueller Natur sind und andererseits Symbol für die tiefere Weisheit des Lebens und vor allem für Verwandlung. Schlangen häuten sich und vermögen sich damit zu erneuern. Ihnen ebenso zu begegnen wie dem Löwen ist von dem jungen Mann gefordert, der sich zunächst noch an die Mutter klammert, gerade weil die autonomen Bedürfnisse aufbrechen. Zu der Zeit ist ein Mädchen in seinem Leben aufgetaucht, das ihm seine Zuneigung nicht verhehlt. Wie in den meisten der Adoleszenten, entsteht bei ihm in dieser Zeit eine große Spannung zwischen dem aufkommenden Ich-Ideal von einem mutigen, selbstständigen, seiner sexuellen Attraktivität gewissen jungen Mann und dem jetzt verstärkt aufkommenden Erleben der eigenen Unzulänglichkeit und der Unreife.

Mit der Identität erwirbt der Jugendliche jedoch die psychosoziale Modalität der Treue (Erikson), vor allem der Treue zu sich selbst. Erst die Identität im Sinne solcher möglichen Treue zu sich selbst erschließt auch den Schritt in die erste Intimität. Diesen Zusammenhang hat Erik Erikson herausgearbeitet.[2] Es ist wie ein Lebensgesetz, dass wir, wenn wir in Beziehung treten wollen, zunächst zu uns selber Kontakt aufnehmen und um uns selber wissen müssen.

Beziehungsfähigkeit gilt in diesem Alter als ein ebenso hoher Wert, wie sie als problematisch erlebt wird. Die selbst gewählten neuen Beziehungen werden zunehmend wichtiger als die früheren, verwandtschaftlich vorgegebenen. Die Frauenbilder und Männerbilder der Seele, die geheimnisvollen Fremden, tiefenpsychologisch als Anima und Animus bezeichnet, steigen aus der Latenz auf und werden in der Projektion auf Personen des anderen Geschlechtes erlebt, in erotischen und sexuellen Faszinationen. Ein Traum, der diesem Alter entspricht, sei berichtet:

Von jeher gekannt:
das seelische Bild des Geliebten

»Ich treffe einen Piloten, der mich an den Schriftsteller Antoine de Saint-Exupéry erinnert, auf einer Pariser Straße. Ich gehe sofort mit ihm und möchte mich nie mehr von ihm trennen, ich habe das Gefühl, dass wir uns von ewigen Zeiten her kennen.«

Das Bild dieses Mannes war offensichtlich in der Seele jener Frau schon da, ehe der Mann auftaucht, in dem sie ihr Seelenbild wiedererkennt. Es ist dies ein typischer Traum der Animusprojektion, auf die Jung immer wieder hinwies. Als diese Frau bei einem Frankreichurlaub einen französischen Piloten kennenlernt, wird dieses Bild in ihrer Seele aktualisiert, und es entsteht eine starke Liebesfaszination. Dass das Bild dieses Mannes auch ein Teil ihrer selbst sein könnte, kommt ihr in diesem Moment nicht in den Sinn. In ihrem

Traum war ihr aber zugleich ihr Animus, ihre eigene Fähigkeit zu Kühnheit und Poesie begegnet, wie sie der Pilot Antoine de Saint-Exupéry verkörpert.

Wettreitend mit der Freundin

Andererseits sind in diesem Alter die gleichgeschlechtlichen Freundschaften wichtig, um sich jeweils in der Identität im Weiblichen oder im Männlichen verstärken zu können. Eine 17-Jährige zum Beispiel träumt sich reitend, wettreitend mit einer wunderschönen jungen Frau, die sie nicht einholen kann, die in ihr aber eine verzehrende Sehnsucht weckt und zugleich einen ungeheuren Antrieb, so gut reiten zu lernen wie diese.

In diesem Zusammenhang möchte ich nochmals Verena Kasts[3] These unterstreichen, dass sowohl Frauen von faszinierenden Frauenbildern, also Animabildern träumen können wie auch Männer von faszinierenden Männern, also von Animusgestalten. Anima und Animus bilden den Archetyp eines inneren Paares und damit der inneren Beziehungsfähigkeit und sind noch nicht erfasst, wenn sie bloß auf die Geschlechter aufgeteilt werden. So kann eine Frau von einer faszinierenden Zauberin oder Hexe träumen wie derjenigen, die den Verwandlungskessel anheizt, ein Mann von Figuren wie Parzival oder Merlin.

Vor allem ist es die Begegnung mit dem Tod, die für junge Menschen eine Grenzerfahrung und ein Übergangserlebnis besonderer Art darstellt, das aber – zusammen mit der Erfahrung der eigenen Sexualität – unabdingbar in die Phase der Adoleszenz gehört. Schon auf den ersten Seiten der Bibel gehören die erste Begegnung zwischen Adam und Eva, Sexualität und Tod zusammen (Genesis 3).

Es ist eine Probe darauf, ob das bisherige Lebensvertrauen weit und tief genug ist, um den Schrecken des Todes aufzufangen. Eine Jugendliche von 18 Jahren hatte ihren Freund bei einem Verkehrsunfall verloren. Sie erzählt:

Der Tanz mit dem Todesengel

»Im Traum steige ich im Winterwald über endlos viele umgestürzte Baumstämme, bis ich endlich auf eine stille Lichtung gelange, auf der viele Menschen erwartungsvoll stehen oder kauern. Auf einmal wird laut ausgerufen: ›Wer wagt es, mit dem Tod zu tanzen?‹ Entsetztes Schweigen überall, über lange Zeit hin – bis ich hervortrete und es wirklich wage. Empört und voller Hass möchte ich dem Tod entgegentreten, der mir den Freund genommen hat – doch als er zu mir tritt, ist er ein wunderschöner Engel, der mich mit unergründlicher Güte anblickt. Ehrfurcht steigt in mir auf.«

Erst beim Erwachen weiß die Träumerin, dass der Todesengel dem Engel einer Ikone glich, den ihr der Freund als liebevolle Weihnachtskarte kurz vor seinem Tod geschickt hatte. Dieser Traum bietet ein Beispiel dafür, wie aus dem Bild, das den letzten liebevollen Gruß des Freundes begleitete, im Unbewussten dieses sehr erschütterten Mädchens ein gütiger Todesengel hervorging, eine Begegnung, die ihr einen ersten Zugang zu Transzendenz und Spiritualität eröffnete. Viele junge Menschen sind in den erschütterbaren und aufbruchsbereiten Jahren der Adoleszenz dafür besonders durchlässig. Der gütige Todesengel war aus der guten Beziehungserfahrung der beiden jungen Leute aneinander erwachsen, aus einem Gefühl des Bejahtseins, das Lebensvertrauen weckte, so dass es sogar imstande war, den Trennungsschrecken zu überbrücken. Hier erwirkt die »transzendente Funktion« der Psyche ein Traumbild, das tatsächlich in die Transzendenz hinüber weist.

Bewegend ist für mich auch der Traum eines 18-Jährigen, dessen engster Freund bei einer gemeinsamen Unternehmung tödlich verunglückte. Wenige Wochen später träumte er:

Weiterleben – auch für den verunglückten Freund

»Auf der Beerdigung meines Freundes, an der alle Menschen teilnehmen, die ich kenne, trete ich nach vorne und verkünde laut, ich sei an seinem Tod schuld. Auch wenn ich nicht erkenne, worin diese Schuld besteht, soll auch ich mit dem Tod bestraft werden. Ich bin bereit, mich in dieses Schicksal zu ergeben – bis ich schließlich die Stimme meines Freundes höre, die leidenschaftlich gegen dieses Urteil spricht, für mich und mein Leben plädiert. ›Gerade jetzt musst du leben‹, sagt er, ›für mich mit.‹«

Ein entsetzliches Schuldgefühl suchte diesen jungen Mann nach dem Absturz seines besten Freundes heim, obwohl objektiv keine Schuld zu erkennen war und er selbst nicht wusste, worin seine Schuld bestehen sollte. Dass es so etwas gibt wie eine »Überlebensschuld«, berichten uns viele Menschen, die überlebt haben, während andere in der gleichen Situation umkamen. Das Thema Schuldigwerden ist in der wertsuchenden und oft hochmoralisch reagierenden Adoleszenzzeit überhaupt sehr aktuell. In diesem Traum werden die Schuldgefühle jedoch dadurch gebannt – die transzendente Funktion des Traumes! –, dass der Verstorbene selber eingreift und die angedrohte

Todesstrafe in eine Aufforderung an den Freund verwandelt, jetzt gerade zu leben, sozusagen für den verstorbenen Freund mit. Ein Jahr später schenkt der Verstorbene dem Überlebenden im Traum das Buch eines ihrer gemeinsamen Lieblingsautoren, in dem junge Menschen vorkommen, deren Lebenswille aus den schuldhaften Erlebnissen des Krieges heraus etwas Neues, Versöhnendes aufzubauen vermag.

Dieses Traumthema eines Lebensübergangs ist mit der Symbolik einer unverbrüchlichen, gleichgeschlechtlichen Freundschaft verbunden, einem der großen Themen der Adoleszenz, das bei Mädchen und jungen Frauen eine mindestens gleich große Rolle spielt wie bei den jungen Männern und das für die Frauen in den folgenden Jahren oft sogar ein noch größeres Gewicht bekommt.

Verwirklichung
Das frühe Erwachsenenalter

> Doch jedem Anfang wohnt ein Zauber
> inne, der uns beschützt und der uns hilft
> zu leben.
> *Hermann Hesse*

Die Übergangskrise von der Adoleszenz zum frühen Erwachsenenalter, das man heute von 25 bis 40 ansetzt, kündigt sich in charakteristischen Träumen an: Nach einer Zeit, in der sie sich gänzlich im Hochleistungssport verausgabt hat, träumt eine 21-jährige Frau:

Motorwechsel angezeigt

Sie setzt sich in ihr Auto, betätigt den Anlasser. Das Auto springt nicht an. Der Anlasser ist wohl kaputt. Das wundert sie, da das Auto noch neu ist – und sehr gut in Schuss. So öffnet sie die Motorhaube. Der ganze Motor ist verschwunden, ausgebaut. Ihr Betreuer im Sportclub, der plötzlich auch da ist, sagt leichthin: Der musste doch dringend zur Revision. Sie ist erstaunt, dass sie davon nichts weiß. Niemand hat ihr etwas gesagt. Sie erwacht sehr verwirrt.[1]

Nachdem sie den Traum ganz cool erzählt hat, kommt der Träumerin beim Nacherleben die ganze Panik, die sie im Traum spürte, noch einmal zum Bewusstsein: »Das Auto springt nicht mehr an. Es ist wie tot. Mich hat das enorm erschreckt. Ich weiß gar nicht, warum ich jetzt sage, es sei wie tot gewesen, einen Anlasser kann man ja reparieren, das kommt halt vor, dass einer nicht mehr funktioniert …«

Bezieht sich der Traum nur auf den Anlasser, nur auf ihr Auto? Zwar hat sie sich erst vor kurzem tatsächlich einen »schnellen, kleinen Flitzer« gekauft, wie sie ihn nennt, der in Wirklichkeit völlig intakt ist und es auch sein muss, darauf spielt ihre Verwunderung in dem Traum auch an. Doch bezieht sie selber diesen Traum auf ein anderes reales Erlebnis, das sie ein paar Tage zuvor auf das Heftigste erschreckt hat: Beim Start zu einem 100-Meter-Lauf kam sie einfach nicht hoch, stattdessen stürzte sie nach wenigen Schritten zu Boden – es überkam sie eine Ohnmacht, die zwar nur kurz andauerte, aber ihr ganzes Selbstgefühl durcheinander brachte. Noch im Nacherleben wundert sich die Träumerin, dass niemand sie vorgewarnt hat, dass das Auto nicht mehr intakt sei. Sie findet, dass der Trainer sie doch hätte darauf hinweisen müssen, für sie komme alles so plötzlich, so plötzlich wie der gesundheitliche Einbruch. Auch Lebensübergänge pflegen sich so anzukündigen. Die Botschaft des Traumes ist unüberhörbar: Dieses Auto, ein sehr schneller Wagen, Symbol ihres Selbstverständnisses, kann nicht mehr flitzen, sondern muss zur Reparatur gebracht werden. Es geht sogar noch um mehr: um die Auswechselung des ganzen Motors. Die Betätigung des Anlassers hilft gar nichts, wenn der Motor ausgebaut ist. Ihr Lebensmotor also muss ausgewechselt werden.

Da sie beim Nacherleben vor allem ihren Körper, der bisher Hochleistungen erbringen konnte, mit diesem Auto identifiziert, kommt ihr der Gedanke, dass sie sich wohl für einige Zeit vom Wettkampfsport zurückziehen, vielleicht überhaupt eine neue Lebensorientierung überlegen solle. Es geht hier ja offenbar darum, den ganzen Motor auszuwechseln. So macht sie sich Gedanken darüber, weshalb ihr Leben bisher allein im Dienste des Sports stand und was es für sie bedeuten würde, ihre Karriere abzubrechen. In den anschließenden Gesprächen wird deutlich, dass schon seit einiger Zeit eine lähmende Angst in ihr aufkam, wenn sie sich vorstellte, dass die sportliche Zukunft in ihrem Leben wirklich der zentrale Wert werden sollte, ein Lebensentwurf, der sich ja nur dann erfüllen ließe, wenn sie ihre Leistungen bis zum Äußersten steigerte und wirkliche Siege erbrächte. Zugleich machte ihr diese Vorstellung in wachsendem Maße Angst: Was würde aus ihrem übrigen Leben, aus den persönlichen Beziehungen, aus anderen Berufswünschen und Begabungen, wenn die gesamte Kraft in den Sport flösse? Drei Wochen nach dem Traum von dem ausgebauten Motor träumte sie, dass nun ihr ehemaliges Auto, ein zuverlässiges, nicht übertrieben schnelles Auto, wieder vor ihrer Haustür stehe. So stieg sie ein und fuhr damit los. Mit dem früheren Wagen kam auch ihre frühere Einstellung wieder auf, sich in ihrem Leben in einem normaleren Tempo zu bewegen und sich dafür auch anderen Zielen als denen des Hochleistungssports wieder widmen zu können.

Die Berufsrichtung finden

Neue Ziele tun sich einer nur um wenige Jahre älteren, derzeit 25-jährigen Studentin auf, die das Studienfach Psychologie gewählt hat und nun die ihr entsprechende Berufsrichtung sucht. Ihr Traum weist ihr eine unerwartete Perspektive:

»Am Waldrand treffe ich einen Fuchs. Neugierig folge ich ihm. Schließlich führt er mich in eine wunderbar geheimnisvolle Wasserlandschaft. Auf einmal überlege ich mir: Warum folge ich eigentlich schon die ganze Zeit diesem Fuchs? Und ich frage ihn: ›Mich nimmt wunder, warum ich dir eigentlich die ganze Zeit schon folge?‹ Da wendet er seinen Kopf zu mir und sagt: ›Merkst du denn nicht, wer ich bin?‹ In dem Moment erkenne ich Carl Gustav Jung an seinen lustig-listigen Augen. Doch da verschwindet er auch schon. Bald darauf erkenne ich ein Schiff in Seenot und muss durch Rettungsschwimmen einige der über Bord Gegangenen auflesen.«[2]

Dieser Lebensübergang beginnt mit einer eigentümlichen Faszination der Studentin durch den Fuchs. Auf eine fast selbstverständliche Weise wird er ihr zum Führer. Er führt sie zu einer geheimnisvollen Wasserlandschaft, in der sie sich wesensmäßig wiedererkennt. Für sie ist ein Sommer ohne Aufenthalt am Wasser undenkbar, ob es sich nun um die Seen des Voralpenlandes oder um das Meer selber handelt. Beim Blick in die Weite der Wasserspiegel kommen ihr die entscheidenden Inspirationen. Noch mehr zieht sie die Tiefe des Wassers an, über der sie gerne schwimmt, in die sie eintaucht, um sich von dem fantastischen Leben dort faszinieren zu lassen. Schon öfter hatte sie Träume gehabt, in denen Zeit und Raum ihre sonstige Eindeutigkeit verloren, als sie unter der Oberfläche des Wassers schwamm. Vom Fuchs zu einer geheimnisvollen Wasserlandschaft geführt, gelangt sie durch sein Geleit in eine Region, die zugleich eine Seelenlandschaft ist.

Erst jetzt wird ihr bewusst, wie intuitiv sie diesem Tier folgt, und es entsteht der Impuls in ihr, das Tier näher zu betrachten. Vom gleichen Impuls bewegt – der Fuchs ist ja, subjektstufig betrachtet, nichts anderes als die Instinktseite der Träumerin selber – hebt er jetzt auch seinen Kopf und gibt sich zu erkennen. Da erkennt sie auch: Dieser Fuchs gleicht niemand anderem als Carl Gustav Jung. Jungs lustig-listige Augen, die sie von vielen Fotos von ihm kennt, sind das Erste, was der Studentin zu der Verwandtschaft zwischen Jung und diesem Fuchs auffällt. Zwischen ihm und dem Fuchs findet sie aber noch weitere Vergleichspunkte: Ging es nicht auch ihm wie einem Fuchs um so etwas wie ein »Sehen in der Nacht«, um ein Einbeziehen des Unbewussten und eine entsprechende therapeutische Praxis? Ein »Fuchs« ist er für sie auch insofern, als er für die Gestalt des Tricksters eine Menge übrig hatte und die Tricks, mit denen man festgefahrene Therapien wieder in Fluss bringen kann, nicht verachtete. Einer geistig-seelischen Faszination wie einer Fährte folgend, gerät sie an Orte, die sie sich »nicht hätte träumen lassen«.

31

An diesem Traum spürt die Studentin zum ersten Mal, dass sie sich unbewusst schon längst auf die Fährte der Jung'schen Psychologie begeben hat und sie ihr mehr bedeutet, als sie sich bisher klargemacht hat. Sobald sie in dem Fuchs Jung erkennt, wird sie auch schon von ihm verlassen und dazu herausgefordert, selbst rettend einzuspringen. Insofern hat sie diesen Fuchs-Jung in sich zu integrieren.

Sie sagt dazu: »Man lässt sich auf ihn ein und ist plötzlich an einem Ort, an den man gar nicht gerne wollte. Ich musste dort gleich rettungsschwimmen und Leute aus einem Schiff herausholen, während das Meer tobte …« Sie darf diesem nun identifizierten Fuchs, der therapeutischen Kraft C. G. Jungs, nicht länger nur neugierig nachlaufen. Es gilt vielmehr, das neu Entdeckte in einer Seenotsituation zu erproben und zu bewähren. Menschen in Seenot sind, symbolisch verstanden, zugleich Menschen in seelischer Not, wie das stürmische Meer ein Bild für das aufgewühlte Unbewusste ist, das einen Menschen überwältigen kann.

Objektstufig verstanden spielt dieser Traum darauf an, dass für die Studentin das faszinierte Sich-Einlassen auf die Tiefenpsychologie Jungs auch mit einer Motivation, selber die Ausbildung zur Psychotherapeutin zu durchlaufen, gekoppelt ist. Die Faszination durch das Unbewusste will also in eine Motivation übergehen, Menschen in seelischer Seenot beistehen zu lernen. Subjektstufig weist das Bild auch darauf hin, dass seelische Anteile der Träumerin selber in Seenot geraten waren, seit sie auf das stürmische Gewässer des eigenen Unbewussten ausgefahren war. Hier zeigt der Traum auch, wie beherzt das Traum-Ich einzugreifen und zu retten vermag.

In Gestalt des »alten Fuchses« C. G. Jung, wie sie ihn respektvoll-ironisch nennt, hat das Unbewusste begonnen, sie selbst zu faszinieren und zu erschüttern. So kommt es, dass sie noch im gleichen Traum die ersten Schiffbrüchigen auf hoher See – in ihr selber – zu retten hat. Ein wenig Selbstkritik im Blick auf ihr bisher allzu unreflektiertes Herlaufen hinter der Faszination durch diesen »Fuchs«, durch C. G. Jung und seine Psychologie, ist in diesem Traum natürlich auch enthalten. Doch begegnete ihr im Fuchs der Therapeut in ihr selber, der mit ihr geht, damit sie ihren Weg durch den bevorstehenden Lebensübergang finden und in einer klaren Berufsrichtung realisieren kann.

Von der Schwierigkeit, im Leben zu landen

Die Schwelle zum 30. Jahr erscheint als eine besonders prägnante Schwelle, da sie den Übergang von der Beliebigkeit der bis dahin unbegrenzt scheinenden Lebensmöglichkeit hin zu verbindlicheren Entschlüssen und Beziehungen markiert. Es geht dabei um das Ende einer Experimentierphase und den Beginn des Lebensthemas Verbindlichkeit. Ist diese Schwelle überschritten, erscheinen die Jahre zwischen 30 und 40 im Vergleich zur Adoleszenz eher als eine Phase der Konsolidierung.

Die Schwierigkeit, im realen Leben zu landen, stellt ein ausgesprochenes Problem beim 30er-Übergang dar. Ein 34-jähriger Mann, der die Schwelle eigentlich schon überschritten haben könnte, träumt:

»Ich fliege. Ich kann es ganz gut. Es ist eine alte Kiste, wie man sie aus Kriegsfilmen kennt, ich mit Lederkleidung und Schutzbrille. Das gefällt mir sehr gut. Jetzt sollte ich landen, einfach um wieder einmal auf dem Boden zu sein, ich weiß nämlich nicht, wo ich bin. Wenn ich lande, wird es mir schon jemand sagen. Ich finde den Hebel nicht zum Landen. Ich stelle mir vor, dass irgendwann das Benzin ausgeht und ich dann ganz gemächlich herunterschwebe.«[3]

Beim Erzählen ergänzt der Träumer: »Erst beim Aufwachen fällt mir ein, dass ich ja auch abstürzen könnte, so wie in den Kriegsfilmen, wenn eine Maschine ins Trudeln kommt und nicht mehr abgefangen werden kann. Da habe ich mich recht erschrocken, aber im Traum war das alles überhaupt kein Problem.«

Der Träumer tut sich tatsächlich schwer, in seinem Leben, einem Beruf, einer Wohnung oder gar einer Beziehung zu »landen«. Quälend erlebt er den Zweifel, die Angst, etwas zu verpassen, wenn er sich einmal für etwas oder für jemanden entscheiden würde. So spielt er mit allen möglichen Lebensentwürfen. Hier im Traum fliegt er in einem nostalgischen Kriegsflugzeug, einem Gerät, für das er ebenso schwärmt wie für die damals äußerst geschickten Flieger, doch ist es unübersehbar eine »alte Kiste«, also ein Fluggerät aus einer für ihn bereits vergangenen Zeit, aus dem Kriege, also aus konflikthaften Auseinandersetzungen, die eigentlich, so sagt die Herkunft des Flugzeugs aus der Kriegszeit, bereits hinter ihm liegen sollten. Er weiß aber einfach nicht, wie er auf den Boden kommen soll. Auch kennt er den dafür vorgesehenen Hebel nicht. In seiner Fantasie verlässt er sich sozusagen darauf, dass eine natürliche Landung infolge Benzinmangels geschehen wird. Beim Aufwachen erst merkt er, wie unrealistisch diese Vorstellung ist und dass es schief gehen könnte, wenn er sich darauf verlässt. Aus seinen Assoziationen wird deutlich, dass er bisher mit einem nostalgischen Heldenbild und mit der Vorstellung identifiziert gewesen war, sich aus jeder Gefahr retten zu können. Mit dieser Identifikation verhinderte er lange Zeit die natürliche Beunruhigung darüber, dass ihn sein Lebensstil, so abenteuerlich er auch war, doch auch unbefriedigt ließ, ihn einsam machte und ihn bisher am Eingehen einer verbindlichen Beziehung oder an einem beruflichen Engagement gehindert hatte. Noch immer unter dem Anspruch des Heros-Archetyps stehend, ringt der junge Mensch in dieser Phase darum, die knapp errungene Identität und Bewusstseinsstufe nicht wieder einzubüßen und seine Individuation mit einer gewissen Selbstverwirklichung im beruflichen Beziehungsbereich verbinden zu können.

Das ungespielte Cello

Ein etwa gleichaltriger junger Mann findet sich im Traum im Zuschauerraum vor, von wo aus er dem Konzert lauscht, während er sein eigenes Cello neben sich im Dunkel stehen hat. Angesichts dieses Traumes wurde ihm klar, wie sehr er sich bisher im Zuschauerraum des Lebens aufgehalten hatte und sowohl seine Kunst, Cello zu spielen, wie auch Gefühle zu zeigen zurückgehalten hatte. In einem der darauf folgenden Träume prallt denn auch das Flugzeug, mit dem er seine

Freundin nach Amerika fliegen sieht, gegen ein Hochhaus und stürzt ab.

In der Tat verliert er seine Freundin, die nach der Trennung von ihm auswandern will, endgültig daran, dass sich ihr das Hochhaus – es ist wohl das Hochhaus seiner überhöhten Vorstellungen von dieser Beziehung – in den Weg stellt und damit dem Flugzeug den Weg abschneidet. Im Traum »lässt« er ja beides, ihr Flugzeug und sein Hochhaus, aufeinanderprallen. Auch wenn wir für unsere Träume nicht bewusst verantwortlich sind, entstehen sie doch nicht ohne uns, sondern spiegeln eine unbewusste Tendenz unserer Psyche getreu wider.

Vom Mut, Überlebtes niederbrennen zu lassen

Der Traum einer 35-jährigen Frau, der einen wirklichen Aufbruch in eine neue Lebensphase zeigt, lautet:

»In einer großen Altbau-Etagenwohnung, von der ich weiß, dass es meine Wohnung ist (obwohl ich in Wirklichkeit ganz anders wohne), habe ich überall festliche Kerzen angezündet. Es ist mir zumute, als stünde etwas Wichtiges bevor, als wäre etwas zu feiern. Auf einmal fängt der Vorhang im Wohnzimmer Feuer. Anstatt ihn zu löschen,

37

schaue ich sehr ruhig zu, wie das Feuer sich ausbreitet. Schließlich verlasse ich die Wohnung, gehe die Treppe hinunter, hinaus auf die Straße, und laufe ruhig weiter bis hinaus auf das freie Feld vor der Stadt. Erst hier, am Rande eines frisch aufgepflügten Ackers, bleibe ich stehen und schaue zurück auf die Stadt. Der Feuerschein über meinem bisherigen Haus erfüllt mich mit einer schmerzlichen Abschiedsstimmung, aber zugleich mit einem erhobenen Gefühl, als hätte ich zwar etwas Verruchtes getan, aber zugleich etwas Wesentliches geschafft oder bestanden.«[4]

Die Träumerin ist nach dem Erwachen selber darüber erschrocken, dass sie es riskiert, diese alte Wohnung niederbrennen zu lassen. Zugleich ist sie noch immer von dem erhobenen Gefühl erfüllt, dass etwas Wesentliches in ihrem Leben geschehen und vollbracht sei. Nach längeren Jahren des Festhaltens an einem alten Beruf, einem alten Lebensstil ist der Träumerin bewusst geworden, dass der Altbau, das bisherige Gebäude ihres Lebens, nicht mehr adäquat ist und nicht mehr gehalten werden kann. So leitet sie im Traum einen quasi rituellen Abschied ein, indem sie überall festliche Kerzen anzündet, aus dem Gefühl heraus, eine Phase in ihrem Leben gehe zu Ende. An dem herunterbrennenden Licht der Kerze entzündet sich der Vorhang des Wohnzimmers, also ein

Teil, der bisher ihren Innenraum schützte, und von dort breitet sich das Feuer aus. Die Situation, die sonst Panik und Eingreifen erfordern würde, wird hier in aller Ruhe hingenommen, ja mit dem Gefühl, etwas »Verruchtes, aber Wesentliches« zu tun, wie die Träumerin es nachträglich beschreibt. Ohne Panik verlässt sie die Wohnung und erlebt aus der Entfernung am Rande eines frisch gepflügten Ackers, wie ihr altes Haus von den Flammen zerstört wird. Der frisch gepflügte Acker, der ihr im Traum so deutlich erscheint, zeigt an, dass hier ein neuer Boden gefunden werden muss und kann, da, wie das Traumbild zeigt, der Acker bereits aufgepflügt ist, um den Samen für Neues aufzunehmen. Der Schmerz des Abschieds von etwas Liebgewordenem, an dem sie lange, allzu lange festhielt, verbindet sich nun mit dem Gefühl, dass die Situation reif, ja überreif sei für etwas Neues. Die Träumerin wechselt in der Folge ihren Beruf, zieht in eine neue Stadt und in einen neuen Lebenskreis um.

Vom Liebespaar unter dem Lebensbaum

Ein 38-jähriger Mann, der eine Trennung hinter sich hat und weiß, dass Liebe mit viel Schmerz verbunden sein kann, träumt, da er sich nicht schon wieder auf eine Beziehung einlassen möchte, fast wider Willen, aber dennoch mit spürbarer Ergriffenheit von einem Paar:

»In meinem Traum war ein Paar unter einem riesigen Baum. Es regnete, glaube ich, aber es brannte auch ein Feuer. Das war wirklich so. Ich habe ganz gebannt zu diesem Paar hingeschaut. Es packte mich wie ein Blitz, ich war atemlos. Das Gefühl von Ganzheit, von Glück, von Liebe durchflutete mich. Irgendwie war es einfach göttlich.«[5]

Der Mann war außerordentlich angerührt von diesem Traum. Auch spürte er sofort, wie dieses Paar mit ihm selber zu tun hatte: »Der Mann hatte etwa meine Gestalt, aber er war auch anders«, er war irgendwie lebendiger, als ich es bin«, und dann ergänzte er noch: »Es ist sonderbar, aber dieser Mann trug einen Ring, den ich auch trage. Also dieses Paar da, da muss irgendwie ich dabei sein, aber ich bin es auch nicht, ich schaue ja auch zu. Die Frau, das könnte diese Frau sein, die ich jetzt eigentlich nicht sehen will, weil sie mich zu sehr fasziniert, aber es ist auch nicht diese Frau, sie ist irgendwie perfekter, es stimmt nicht ganz.«

Die Frau erinnert ihn an eine wirkliche Begegnung, die er vor kurzem hatte, die er aber innerlich, noch unter dem Eindruck seiner zurückliegenden Trennung, abwehrt und der er in der Wirklichkeit auch nicht nachgegeben hat. Doch angesichts dieses inneren Paares, das sich jetzt in ihm selber konstelliert, drängt sich ihm der Ausdruck auf: »Da passt einfach das Wort göttlich.« Indem er es ausspricht, ist es ihm peinlich, denn er ist ein Mensch, der das Wort »göttlich« sonst eigentlich nicht gebraucht. Und doch fügt er hinzu: »Das ist wie das Erlebnis des Göttlichen, das war ganz sexuell und ganz göttlich.« Der Traum und das Bild dieses Paars ergreifen ihn einfach in seinem Traum. Dieses Paar könnte »als ein Symbol des Selbst im Jung'schen Sinn verstanden werden, ein Symbol des Mysterium conjunctionis, das Geheimnis der Verbindung von Gegensätzen, und zwar sowohl von der Emotion der Ergriffenheit, von der Betroffenheit, als auch von der bildnerischen Gestaltung her«.[6] Die Sehnsucht nach unserer Ganzheit drückt sich oft in einer erotischen Fantasie aus – darum wird deutlich, dass es bei der Liebessehnsucht nicht nur um das Wohlbefinden des Ich, nicht einmal nur um das Verbundensein mit einem Du geht, sondern dass darüber hinaus durch diese Beziehung eine Dimension des Lebens erlebt wird, die beide Beteiligten übersteigt, eine Beziehung zum Selbst.

Das Lebens-Steuer:
Verloren und wiedergefunden

Carl Gustav Jung betrachtete das 35. Jahr als
das Jahr der Lebensmitte, in dem sich die Wende
vom bis dahin im allgemeinen eher extravertier-
ten Lebensstil, der dem Aufbau des Lebens in
der Außenwelt verpflichtet ist, zu einer Hinwen-
dung zur Innenwelt vollzieht. Das erlebt ein derzeit 35-jähriger Pfarrer in seinem Traum:

»Am Ufer stehend und in die Brandung schau-
end nehme ich auf einmal wahr, wie eine mächtige
Woge etwas heranbringt, ein Schiffssteuerrad ist
es, dem eine Speiche fehlt, wie ich feststelle, als es
vollends ans Land rollt. Ich bin sehr nachdenklich
über den Fund, der bedeuten kann, dass das Schiff,
zu dem dieses Rad gehört, gesunken ist. Oder hatte das Rad versagt, war es ausgewechselt worden?
Als ich nachdenklich aufschaue, bemerke ich,
dass schon eine ganze Zeit ein Fuchs neben mir
sitzt – seine Spur kommt über die Sanddüne, aus
der Wüste also zum Meer herunter – und mich so
aufmerksam betrachtet, als habe er mich die ganze
Zeit über in meinem Selbstgespräch belauscht.
Der Fuchs blickt mich so eindringlich und un-
widerstehlich an, dass ich beginne, mit dem Fuchs
über den Sinn meines Fundes, über das vom Meer
angeschwemmte Steuerrad zu sprechen.«[7]

In seiner Lebensmitte erlebt sich der Träumer am Meer, ein Bild zugleich für die Tiefe und Weite der Seele und ihre unbewussten und unbekannten Tiefenräume, und erfährt dieses Meer als sehr bewegt. In seiner lebhaften Dynamik wirft es ihm etwas vor die Füße, womit er in diesem Moment nicht gerechnet hat, das Steuerrad eines Schiffes. Nun bemerkt er, dass eine Speiche fehlt, und beginnt über die Herkunft dieses Steuers und den Sinn seines Fundes nachzudenken. Ist das Schiff vielleicht gesunken, oder treibt es noch immer steuerlos auf dem Meer? So mutet ihn dieses Steuerrad an wie die Botschaft von einer Katastrophe, die womöglich tief im Unbewussten stattgefunden haben muss. Jedenfalls hatte das Bewusstsein sie bis dahin gar nicht bemerkt! Subjektstufig gesehen können wir das Steuer als einen inneren Anteil des Träumers selbst, als das Steuer eines seiner eigenen inneren Seelenschiffe betrachten, mit dem er in der »Nachtmeerfahrt« sein Unbewusstes befährt und zur Zeit wohl steuerlos ist. Das könnte heißen, dass dieser im Bewusstsein sensible und wache Pfarrer, der in der Gemeinde sehr viel leistet und aufbaut, zu der Zeit seine Navigationsfähigkeit im Bereich des Unbewussten eingebüßt hat. Ob dies gerade eine Folge seiner starken Überbewertung des Bewusstseinsbereichs sein kann? Von diesem Fund, einem

Zufallsfund, für den er keinerlei Verantwortung übernehmen müsste, lässt sich das Traum-Ich doch sehr betreffen. Er ahnt, dass es darum geht, die Übermacht des Unbewussten, des Meeres anzuerkennen und dennoch die bewusste Steuerung, das Steuerrad zu reparieren und wieder zu übernehmen. Da sieht der Träumer den Fuchs dasitzen, wachen Auges, als habe dieser sein Selbstgespräch belauscht. Erscheint er doch hier wie ein »Alter Ego«, ein anderes Ich des Träumers, aber als Fuchs eben mit einem tiefen, instinktsicheren Witterungsvermögen ausgestattet!

Mit dem dringlichen Wunsch erwacht, mit diesem Fuchs über die verlorene Steuerung seines tieferen seelischen Lebens nachzudenken, begann der Pfarrer tatsächlich einen inneren Dialog mit dem Fuchs im Sinne der Aktiven Imagination von C. G. Jung, der dann dazu führte, dass er diese hilfreiche Figur immer näher kennenlernte, sich mit ihr auseinandersetzte, um sie schließlich als eigenen Anteil integrieren zu können. In dem Fuchs, der ihm, als er wirklich ratlos war, über die Sanddüne zugelaufen war, entdeckte er einen künftigen Seelenführer mit Spürsinn und natürlicher Weisheit – lauter Kräften, die der Pfarrer in seiner bisher etwas zu rationalen Ausrichtung unterschätzt hatte. Gemeinsam mit diesem Fuchs konnte er den Übergang über die Lebensmitte be-

wältigen, einen Übergang, der sich zunächst mit
der Botschaft vom Bruch des inneren Steuerrades
angekündigt und gezeigt hatte, dass die »Nachtmeerfahrt« über die Tiefen des Unbewussten fort-
zusetzen war.

Ernüchterung
Das mittlere Erwachsenenalter

> Zu Grund gerichtet
> wach' ich ruhig auf.
> Von Grund auf weiß ich jetzt.
> Und ich bin unverloren.
> *Ingeborg Bachmann*

Das mittlere Erwachsenenalter, zwischen dem 40. und dem 55. Lebensjahr anzusetzen, das den Übergang sowohl über die 40er-Schwelle wie auch den über die 50er-Schwelle enthält, bringt wieder einen deutlichen Aufbruch mit sich, zugleich einen Umbruch. Bedeutet es doch zugleich, mit dem Übergang über die Lebensmitte ein Gespür dafür zu bekommen, dass man nur noch eine der Lebenshälften vor sich hat.

Es ist dies eine Phase, in der sich im Blick auf den Ich-Komplex und die entsprechende Identität große Veränderungen anbahnen.

Bei vielen Frauen, aber auch bei Männern bricht auf einmal mit großer Dramatik die Frage auf, ob sie noch ein Kind haben wollen, oder, mit gleicher Vehemenz, die Frage, ob sie überhaupt ein Kind haben wollen.

Gewähren die 40er Jahre in mancherlei Hinsicht auch Erfüllungsstunden, den hohen Mittag des Lebens, so setzt um die 50er Jahre herum Ernüchterung ein, da vieles sich wiederholt, sich gleich bleibt, ja ausleiert.

Die tönerne Mutterfigur beatmen

Für die Frau bedeutet der Übergang in die zweite Lebenshälfte: Was bin ich, wenn ich biologisch nicht mehr gebärfähig bin, was heißt Frausein im mittleren und späten Erwachsenenalter überhaupt? Dazu der Traum einer 38-jährigen Frau, die eben im Begriff ist, diesen ihr bevorstehenden Übergang zu erleben:

»Ich sehe eine Tonfigur vor mir, eine beleibte Frauengestalt mit sehr runden Formen. Sie sieht aus wie eine der alten Muttergöttinnen. Ein unbekannter, wenig gepflegter Mann beginnt die Gestalt von allen Seiten anzublasen. Mir erscheint das sehr sonderbar, was er da tut, er schaut ernsthaft auf und sagt dann: ›Sie wird sonst nicht lebendig.‹ Das leuchtet mir ein, ich blase auch, wie wenn man ein Feuer anbläst. Ich erwache daran, dass ich blasend atme.«[1]

Mit einem Gefühl der Ehrfurcht sei sie aufgewacht, so berichtet die Frau, für die sich die 40er-Schwelle ankündigte. Eine völlig neue Frauenfigur, vorerst nur in Ton, taucht vor ihrem inneren Auge auf, eine bisher eher verachtete und gefürchtete Gestalt, die sich aber allmählich, wie sie angesichts des Traumes etwas erschreckt erzählt, auch in ihrer eigenen Körpergestalt abzuzeichnen beginnt. Sie beginnt beleibt zu werden, so berichtet sie, »mit sehr runden Formen«. Seit Jahrtausenden tendiert die Frau in den reifen Jahren bekanntlich zu dieser Form, und ganz im Unterschied zu unserer Zeit sah man vor Zeiten in der Frau dieses Alters und dieser Fülle eine verehrungswürdige Gestalt, die der Muttergöttin, die ebenfalls mit runden Formen dargestellt wurde, glich und sie repräsentieren konnte. Als solche erscheint von nun an der Träumerin auch diese Tongestalt.

Es kommt aber in dem Traum nicht darauf an, sie religionsgeschichtlich-historisch einzuordnen, sondern sie buchstäblich zum Leben zu erwecken – durch Anblasen, wie es im biblischen Schöpfungsbericht bei der Erweckung des Menschen zu einer lebendigen Seele vor sich geht. Der Archetyp der Muttergöttin, der Großen Mutter also, ist in ihr konstelliert, wie sie zögernd und staunend wahrnimmt, als sie diesen Traum durcharbeitet. Wie seltsam, dass es zu diesem Schöpfungsakt des Anhauchs eines Mannes bedarf! Doch ist es in diesem Traum offenbar so, dass es eines »männlich-energischen Anstoßes in ihr selber« bedarf, für den dieser Mann im Traum steht, und zwar von einer Seite her, die sie bisher nicht kannte, denn ein unbekannter und wenig gepflegter Mann ist es ja. Eine Seite, die im Schatten lag – eben die männlich-energische Vorstellung, dass eine reife, füllige Frau attraktiv sein könne –, muss hervortreten und dieses Frauenbild anhauchen, damit es lebendig werden kann. Besonders wichtig scheint mir, dass dieses anhauchende Lebendigmachen der Tonfigur die Träumerin so sehr überzeugt, dass sie sich nun selber daran beteiligt und so stark blasend atmet, dass sie davon erwacht.

Beim Gespräch über den Traum verwunderte sie noch so manche Einzelheit: dass es zum Beispiel um eine Figur aus Ton ging, also aus Erde, erschien ihr eher fremd. Sie selber, die sich mehr als eine Frau des Wortes versteht, arbeitete in ihren schöpferischen Gestaltungen bisher noch nie mit Ton, kennt das Tonen und Töpfern jedoch als Vorliebe einiger ihrer Freundinnen ganz gut. Es kann darum gehen, dass sich das neue Frauenbild, das sich in ihr konstelliert, mehr an der Erde, an dem Tonen und Formen mit den Händen ausdrücken will als in Gedankengängen.

Das bewusste Hauptthema, das sie zur Zeit des

Traumes beschäftigt, ist die Frage, ob sie in dieser Phase ihres Lebens noch Mutter werden soll. Bisher hat ihr die Erinnerung an die eigene Mutter, die in ihren Augen zu sehr nur »Muttertier« gewesen war, den Zugang zum eigenen Muttersein verstellt. Die Auseinandersetzung mit der eigenen Mutter hebt auf diesen Traum hin auch im mittleren Alter noch einmal von Neuem an. Die gewisse Reserve gegenüber dem Mütterlichen, die diese Träumerin bis dahin immer bestimmt hat, wird von dem Traum kompensiert, indem er ihr »das Mütterliche« in der Gestalt von etwas Ehrfurchtgebietendem, ja einer Göttin zeigt.

Mütterlichkeit

Wie auch immer in diesem kritischen Alter nahe der 40er-Schwelle die Entscheidung für oder gegen ein physisches Kind ausfallen mag, diese Lebensphase scheint gebieterisch ein Ja der Frau zu ihrer Mütterlichkeit zu fordern, wenn sie sich nicht selbst verfehlen will. Gerade die kinderlose Frau wird in dieser Lebensphase immer wieder auf ihre Mütterlichkeit hin angesprochen, ja getestet, indem auch andere als leibliche Kinder, nämlich Schüler, Studenten und jüngere Menschen überhaupt immer wieder ihre mütterliche Kompetenz erwarten, fordern und oft dringend brauchen. In diesem Alter macht es keinen Sinn mehr, sich zu zieren, als könne man sich doch nicht auf etwas Mütterliches – respektive Väterliches – hin ansprechen und verpflichten lassen. Die jungen Menschen, ja das Leben selbst erwarten es von uns im Sinne der Übernahme von Verantwortung, des Sorgetragens für die Heranwachsenden, Nachwachsenden, und wenn wir uns dem entziehen, drohen wir selber leer auszugehen und die besondere Erfüllung, die in der »Generativität«, der Sorge für die Nachkommenden besteht, zu verlieren.

Nicht zuletzt ist in dieser Lebensphase Mütterlichkeit beziehungsweise Väterlichkeit gegenüber den eigenen, jungen, jugendlichen inneren Impulsen gefragt, die wir verantwortlich übernehmen, denen gegenüber wir uns betreuend und sorgend verhalten sollten. Neue verantwortliche Aufgaben im Beruf, neue Ideen, zum Beispiel ein Bild, ein Buch, eine wissenschaftliche Arbeit zu schaffen, bedürfen in hohem Maße unserer Treue zu uns selbst und zu diesem inneren Kind, nicht anders als ein neugeborenes Kind es auch erfordern würde.

So träumt eine Frau von einem Tonkrug, dem antiken Gefäß, in dem auch Schriftrollen aufbewahrt wurden. Sie hat ihn in einer Höhle gefunden und trägt ihn nun mitsamt der wiedergefundenen Schriftrolle, die er enthält, wie ein Baby im Arm – ihr Baby ist das wissenschaftliche Buch, das sie anhand neu gefundener Texte über eine alte Göttinfigur veröffentlichen möchte.

Die Wiederbegegnung mit der Göttin als einer Gestalt aus der religiösen Tradition des Weiblichen und als eine Wiederbegegnung mit weiblichen Wurzeln der Kultur bringt für viele Frauen der jetzigen Generation darüber hinaus eine tiefere Verankerung in der eigenen Identität, in der Würde als Frau, in die man gerade in dem Alter der mittleren Erwachsenen eintritt.

Für viele Frauen fällt in diese Phase des mittleren Erwachsenenalters auch der Beginn der Wechseljahre, der Zeit des Abschiednehmens von der Periode der Empfängnis- und Gebärfähigkeit, meist auch von den erwachsen gewordenen Kindern, Jahre schmerzlicher Ablösung oft, in denen man sich, auch wenn es physisch und medizinisch vielleicht noch möglich wäre, nicht unbedingt noch ein Kind ertrotzen wird, sondern allmählich das innere Kind, ja den Archetyp des »göttlichen Kindes« sich konstellieren spürt, so dass man beginnen kann, der Vergänglichkeit ganz bewusst eine spielerische Kreativität entgegenzusetzen. Es gehört zum Wesen des göttlichen Kindes, dass es nicht umzubringen ist, dass es alle Gefahren überlebt – wie der Jesusknabe den seinetwegen ge-

planten Kindermord überlebt und durch die krea-
tive Flucht seiner Eltern nach Ägypten gerettet
wird. So können diese Jahre auch Jahre des Auf-
bruchs in eine neue Freiheit hinein werden, wie
sie das Leben uns Frauen vielleicht auch zuge-
dacht hat. Diese Jahre können die Chance sein, als
ein eigener Mensch mit einer neuen weiblichen
Identität zu leben, die sich nicht mehr primär vom
Mann und seiner Zustimmung ableitet. Die großen Frauen, die wir in Politik, Wirtschaft, in
Kunst, Pädagogik und Therapie kennen, entwi-
ckelten sich meist in dieser Lebensphase zu den
markanten Persönlichkeiten, die sie heute sind.

Neue Fruchtbarkeit aus dem Unbewussten

Zunächst nenne ich aber noch einige Träume, die
von der Verwandlung weiblicher Fruchtbarkeit in
etwas anderes, als es leibliche Kinder wären, berichten. Der Traum lautet in der eigenen Niederschrift der Träumerin, die mit 53 Jahren am Ende
des mittleren Erwachsenenalters steht:

»Ich bin in einem Labor. Eine Frau sieht durchs
Mikroskop. Sie untersucht etwas von mir. Dann
zeigt sie mir, was sie sieht, und ich sehe durchs
Mikroskop auf dem Objektträger Wasser, in dem
viele kleine Fische schwimmen. Ich bin erschrocken, weil das ja heißt, dass in mir viele kleine Fi-

sche sind. Eine Frau neben mir sagt und zeigt, dass die Fische sooo groß werden! Sie zeigt eine Spanne von ca. einem Meter. Ich bin irritiert. Die beiden anderen Frauen sind ganz gelassen und ruhig, eher stolz über die Größe der Fische.«

Die Irritation, die diese merkwürdige Traumsituation in ihr auslöst, teilt die Träumerin mit: »Beim Aufwachen überlege ich, ob ich krank bin, weil Fische in mir sind. Spüre dann, dass es wichtig ist, gelassen zu bleiben wie eine Frau, die wohlwollend ein Kind in ihr sich entwickeln lässt. Eine Zeit der Schwangerschaft.«

Sie selbst, eine kinderlose Frau, wenn auch pädagogisch-therapeutische Mutter vieler ihr anvertrauter Kinder, spürt in dem Traum eine Analogie zur Schwangerschaft. Auf Gelassenheit und Wohlwollen kommt es bei dieser wie bei jeder Schwangerschaft an, so spürt sie, so liest sie es auch dem Verhalten der beiden untersuchenden Frauen ab. Diese sind selbstverständlich zugleich als innere Anteile von ihr selbst zu verstehen, forschende, untersuchende Anteile, die ihrem bewussten Ich beim Umgang mit diesem Lebensübergang schon etwas voraus sind, die aber von ihr integriert werden, als sie sich deren Einstellung zu dieser Fisch-Schwangerschaft anschließt.

Die eine dieser Frauen beginnt mit der Untersuchung einiger Anteile der Träumerin mittels

Mikroskop. Irgendetwas muss ja der Untersuchung wert erschienen sein. Die Frage, ob alles in Ordnung mit ihr sei, muss in der Träumerin – wie zu Beginn von Lebensübergängen üblich – aufgekommen sein. Die Untersuchungsleiterin bezieht das Ich der Träumerin sofort mit ein, indem sie sie mit durchs Mikroskop schauen lässt und ihr zeigt, was sie selbst schon beobachtet hat: einen Tropfen Wasser, in dem viele kleine Fische schwimmen. Dies alles ist zunächst mikroskopisch klein, doch die Reaktion der Träumerin ist eindeutig und erheblich: »Ich bin erschrocken, dass in mir viele kleine Fische sind.« Ihre Irritation wächst noch, als eine weitere Frau neben ihr, die offenbar zum Untersuchungsteam gehört, ihr sagt und demonstriert, wie groß die Fische werden könnten, eine Spanne von einem Meter könnten sie erreichen. Die beiden untersuchenden Frauen lassen geradezu Stolz auf das mögliche Größenwachstum dieser Fische durchblicken, dazu eine Ruhe und Gelassenheit, die schließlich auch die Träumerin überzeugt.

Was aber kann der Fisch, können die Fische, die da symbolisch in ihr wachsen, ausdrücken? Da Fische ihrem Lebenselement, dem Wasser, nahestehen, können sie Boten aus der Tiefe, Verkörperungen seelischer Lebendigkeit sein, von denen jetzt viele in ihr vorhanden sind und denen großes

Wachstum bevorsteht. Von ihrer Form her erinnern sie an Spermien, Samenfäden, Zeichen potenzieller Befruchtung also. Bei zahlreichen Völkern ist der Fisch ein Symbol der Fruchtbarkeit und als solches ein weit verbreiteter Talisman. Als eines der ältesten Geheimsymbole für Christus mit Bezug auf die Wassertaufe und auf die getauften Christen kann der Fisch auch ein Symbol spiritueller Fruchtbarkeit sein – dies alles wären sinnvolle Hinweise auf die mögliche Fruchtbarkeit dieser Frau, jenseits der Wechseljahre.

Dieser Traum stand für sie in der Mitte einer Serie von Übergangsträumen, von denen der erste ein Jahr zurücklag, der nächste markante etwa drei Monate später folgte. Ich möchte auch diesen hier einbeziehen, um zu verdeutlichen, dass Lebensübergänge oft eine längere Zeitphase beanspruchen und meist auch eine längere Kette von Traumbotschaften hervorrufen, ehe sie ganz vollzogen sind. Es zeigt sich hieran aber auch, dass sie, wenn sie wie die »Wehen« sich erst einmal ankündigen, unaufhaltsam sind.

Das Übersee-Schiff:
Im Sog einer größeren Kraft

Die »Wehen« des Lebensübergangs, die die 50er-Schwelle mit sich zu bringen pflegt, setzen für die damals 51-Jährige mit dem folgenden Traum ein, der das Motiv einer »Nachtmeerfahrt«[2] enthält. Unter »Nachtmeerfahrt« versteht man unter Berufung auf den Völkerkundler Frobenius die mythologische und archetypische Vorstellung, dass ein »Sonnenheld« in einer Arche oder einem Kästchen übers Meer fährt und schließlich ins Meer oder in ein Meerungeheuer eintaucht, um erneuert daraus hervorzugehen – eine Erfahrung, die symbolisch-psychologisch bei jedem Lebensübergang neu gemacht wird. Es ist die Nachtmeerfahrt einer Frau, die die Träumerin zwar mit ein paar anderen Frauen teilt, dennoch, so sagt sie, fühle sie sich im Erleben dieser Meerfahrt wie allein: »Die anderen Frauen sehe ich nicht, weiß nur, dass welche da sind, fühle mich in dem Boot aber allein.« Die Nachtmeerfahrt läuft laut ihrer Niederschrift dramatisch ab:

»Ich bin auf dem Meer. Es ist total dunkel, hohe Wellen, Sturm. Mit ein paar anderen Frauen sitze ich in einem Rettungsboot. Ich habe mich gerade noch hineinhangeln können. Das Boot hat keine Ruder mehr. Ein anderes Rettungsboot ist untergegangen. Ich habe unheimliche Angst. Wir treiben im Sturm dahin, nirgendwo ist Land zu sehen.

Plötzlich taucht schattenhaft ein großes Überseeschiff auf. Ich überdenke blitzschnell die Situation. Es gibt nur zwei Möglichkeiten: entweder geraten wir in den Strudel des Schiffes und gehen jetzt unter, oder wir geraten in seinen Sog, werden mitgezogen und kommen dadurch in einen Hafen. Meine Angst steigert sich bis ins Unendliche, und plötzlich merke ich, dass das Boot mitgezogen wird. Irgendwann komme ich an einem Strand an, steige aus dem Boot, laufe den Strand hinauf, steige über eine Mauer und frage einen Mann, wo ich jetzt sei. Er antwortet in fremder Sprache, ich kann ihn nicht verstehen, aber ich bin froh, wieder an Land zu sein.«

Die Träumerin, die das Meer kennt und eigentlich liebt, erlebt sich auf dem offenen Meer, bei Dunkelheit und Sturm in einem Rettungsboot. Der Untergang ihres Schiffes, das ihr eigentliches Transportmittel für den Lebensübergang darstellte, ja vielleicht sogar ihr bisheriges »Lebensschiff« war, muss vorausgegangen sein. In ihrem kleinen Boot, das zudem seine Ruder verloren hat und damit steuerlos geworden ist, treiben sie in dem nächtlichen Sturm dahin, ohne jede Aussicht auf Land. Die Träumerin spricht in dieser Situation von »unheimlicher Angst«. Da taucht in fast aussichtsloser Situation – von der transzendenten Funktion der Psyche gerufen, erschaffen – die unmögliche Möglichkeit auf, zuerst nur schattenhaft wahrnehmbar: ein großes Überseeschiff. Es ist diesem Sturm gewachsen, ein Schiff, das wirklich für eine Reise nach Übersee, für einen großen Lebensübergang, wie er für die Träumerin offensichtlich ansteht, ausgerüstet ist. Wie aber kann sie in ihrem steuerlosen Rettungsboot mit diesem Schiff in Kontakt kommen? Es ist Nacht, eine Möglichkeit, sich bemerkbar zu machen, ist nicht vorhanden. Da überdenkt sie blitzschnell die Situation, die beiden einzigen Möglichkeiten, die sich jetzt auftun: Untergang oder Mitgezogen-Werden, beides kann das überlegene Überseeschiff samt seinem Sog mit sich bringen, wie der Wal im Jona-Mythos auch: vielleicht gerade eine Rettung durch das Hineingeraten in den Sog. In dieser Entscheidungssituation auf Leben und Tod, die die Träumerin wahrnimmt, steigert sich, wie sie schreibt, »meine Angst bis ins Unendliche«, bis sie plötzlich den Umschwung zur Rettung hin erkennt. Das Boot wird tatsächlich mitgezogen und nicht verschlungen.

Irgendwann landet sie an einem Strand, dort bleibt sie aber nicht gelähmt liegen, sondern wird, wie auch Jona nach seinem Ausgespieenwerden auf das Land, nun wirklich aktiv. Zunächst übersteigt sie das erste Hindernis, eine offenbar nicht allzu hohe Mauer, und wagt dann den Kontakt mit einem fremden Mann, der hier auftaucht, um sich zu orientieren, wo sie ist. Doch er antwortet in einer fremden Sprache, die sie nicht versteht. Einfach ist also die Orientierung, die Kontaktaufnahme mit dem Unbekannten nicht – so sagt diese Szene –, doch das dankbare Gefühl, gerettet und an einem neuen Ufer angekommen zu sein, übersteigt in diesem Moment alle Angst vor dem Ungewissen. Der Traum zeigt den ersten Schritt auf neuem Boden an, ein Gerettet-Sein, ein Überlebt-Haben. Der nächste Schritt, ein Erkunden und Integrieren des Neuen, liegt noch vor ihr.

Schon damals zeichnete sich in ihrer Lebenssituation und vor allem in ihrer beruflichen Situation etwas Unhaltbares ab, und das bisherige, langjährige Lebensschiff, ihre Mitarbeit an einem Institut, schien im Sinken zu sein, sie wurde buchstäblich ausgebootet. Abgesehen von der tiefen persönlichen Kränkung, die ein solches Ausgebootetwerden für die qualifizierte Mitarbeiterin bedeutete, brachte es sie auch wirtschaftlich in eine bedrohliche Lage. Die Situation erwies sich als lebensbedrohlich und wurde deshalb im Traum von einem Sturm auf dem Meer dargestellt. Nur im Kielwasser eines wirklichen Überseeschiffs, einer neuen, weit reichenden Perspektive, wäre sie zu bewältigen, so sagt der Traum, falls sie nicht von dem Anspruch dieser neuen Perspektive selber überwältigt und verschlungen werden würde.

Das magisch geschützte innere Kind

Eine Flüchtlingsfrau aus dem Osten träumte, ein Kind, das sie als ihr eigenes empfand, liege in der Mitte eines großen Raumes und sei mit einem Schutzkleid angetan. Die Schleppe des Schutzkleides weise auf einen Haufen Schutt hin. Als sie den Schutt untersucht, erkennt sie, dass ein toter Soldat darin liegt, der eine Uniform ähnlich einer alten Ritterrüstung trägt. Doch während sie ihn und den Schutthügel untersucht, erhebt sich plötzlich ein großer, bunter Vogel daraus und fliegt frei in die Luft.

Der Frau fällt sofort der Vogel Phönix dazu ein, der sich, wie die Sage sagt, immer wieder aus der Asche erhebt. Das Wichtigste ist für sie, die in einem der osteuropäischen Bürgerkriege ihre Heimat verloren hat, dass sie sich jetzt, in einem Alter, in dem sie nicht mehr gebären kann, als Mutter eines Kindes sieht, das im Zentrum ihres Lebensraumes liegt. Dieses Kind nun, es kann nur ein inneres Kind sein, trägt ein magisches Schutzkleid, das es vor den Wechselfällen des äußeren Schicksals bewahrt. Es ist ihm ganz eigen und wird ihm nicht verloren gehen. Dieses Schutzkleid ist zugleich verbunden mit einem merkwürdigen Schutthaufen. Sie kann trotz des Kindes und wegen des Kindes nicht übersehen, was es in ihrem Leben an Zerstörung gegeben hat. In diesem Schutthaufen aber ruht ein Soldat, der sie durch seine Uniform und Ausrüstung irgendwie an einen Ritter erinnert. Dieser Schutthaufen hat ihn begraben, ist sein Grab geworden. Unter dem Schutthaufen versteht die Träumerin alles das, was sie auf ihrer Flucht zurücklassen musste und was ihr durch ihre Lebensumstände zerstört worden ist. Zu dem, was da gestorben ist, gehört auch ihre eigene soldatisch-ritterliche Einstellung, die Einstellung der Kämpferin in ihr selber, die bisher alles tapfer durchstehen zu müssen glaubte. Diese Einstellung ist gestorben, so sagt der Traum, und gibt stattdessen einer Wandlungsfähigkeit in Gestalt eines Vogels Raum, der sich aus dem Schutt und der Asche ihrer bisherigen Identität erhebt. Sie selbst empfindet ihn wie einen Vogel Phönix, der durch Tod und Zerstörung hindurch immer wieder zu neuem Leben erwacht. Dieser Traum ist ein starkes Bild für das, was die Lebensphase des mittleren Erwachsenenalters hervorbringt: das Ende des idealistischen Ritterseins, um dafür ein neues schöpferisches Kindsein einzutauschen, das in magischem Schutzkleid ins Zentrum des Lebens tritt und das sich wandeln und entwickeln kann.

Jesus als Delfin

Für eine andere Frau, derzeit 41, in der kirchlichen Erwachsenenbildung tätig, ändert sich der Bezug zum »Proprium«, dem Eigentlichen dieser Arbeit, das ihr die Kirche immer wieder vorschreiben wollte, nach einem befreienden Traum, der ihr wie eine Schwellenüberschreitung in ihrer religiösen Entwicklung erschien und ihr von da an große Eigenständigkeit und Authentizität in ihrer Berufsausübung verlieh.

»Ich sehe im Traum einen jungen Mann in der abenteuerlichen Kleidung derer, die auf ihrer spirituellen Suche bis nach Indien reisen, und weiß auf einmal, dass es sich um Jesus selber handelt. Dieser junge Mann nun wird verhaftet und soll sich vor dem Landeskirchenamt verantworten, das seine religiöse Einstellung prüfen will. Er wird in einem vergitterten Wagen eine Anhöhe hinan in Richtung Landeskirchenamt gefahren. Dabei führt die Straße an einem Steilufer entlang, von dem aus man in der Tiefe den Fluss heraufblitzen sieht. Auf einmal biegt der junge Mann, also Jesus, mit einem einzigen Griff das Gitter des Wagens auseinander und springt in einem herrlichen, kühnen Satz von dort aus hinab in den Fluss. Noch im Fluge verwandelt er sich in einen silberglänzenden Delfin, der in den Fluten verschwindet.«

Der junge Mann, also Jesus, verwandelt sich in einen Delfin und ist dem Verhör durch das Landeskirchenamt gänzlich entzogen! Die Träumerin ist ergriffen und wie befreit durch diesen Schluss des Traumes. Es macht sie jedoch sehr nachdenklich, dass der Traum ihr erläutert, dass sich in diesem wie vielleicht in jedem der jungen Leute, die sich auf spirituelle Suche begeben und denen sie in ihrer Erwachsenenbildungsarbeit eine geistige Heimat zu geben versuchte, etwas von Jesus selbst verbirgt. Dies ist für die theologisch-kirchliche Kontrolle unerreichbar, so sagt dieser Traum und gibt damit der Träumerin eine tiefe Gewissheit, dass sie mit ihrem persönlichen Weg, die Bildungsprogramme zu gestalten, auf der richtigen Spur ist.

Subjektstufig verstanden ist diese Jesusgestalt, die sich in den Delfin verwandelt, natürlich zugleich ihr eigenes inneres Christusbild, der Christus in ihr. Seine Verwandlung in den Delfin – übrigens ein uraltes geheimes Christussymbol seit der Katakombenzeit – bedeutet für sie auch, dass Jesus eine Zeitlang in die Tiefen des Unbewussten eintauchen, zum Delfin, zum weisesten aller Meeresgeschöpfe werden müsse, um als Seelenführer durch die Bereiche der Seelentiefe den Menschen wieder zu begegnen, die bis in diese Tiefen vorstoßen. Auch für sie bedeutete es, eine Zeitlang den Mut zu haben, ihr Christusbild bewusst theologisch nicht bestimmen zu können, um es dafür in einer Tiefe als lebendig zu erfahren, die ihr bis dahin unbekannt geblieben war. Dieser Traum leitete einen Lebensübergang für sie ein, in dem sie der seelischen Erfahrung den Vorrang vor jedem dogmatischen Wissen und Glauben gab, wobei sich ihr berufliches Wirken immer stärker auf Seelsorge verlagerte und weniger auf »Verkündigung«.

Schutzvorrichtungen gegen die Vergänglichkeit

Im mittleren Erwachsenenalter bricht endgültig das Bewusstsein der Zeitlichkeit, ja der Sterblichkeit auf. Gegen Ende dieser Phase zeigt sich diese Perspektive verschärft im Traum eines 52-jährigen Mannes:

»Ich bin in einer kleineren Stadt in der Wüste, die architektonisch wunderhübsch gebaut ist, auch sehr schön angelegt. Ich bekomme den Auftrag, diese Stadt davor zu schützen, dass die Wüste sie wieder zudeckt. Mir liegt diese Stadt sehr am Herzen, ich sehe aber auch die Sanddünen vor der Stadt und spüre, dass es eine schwierige Aufgabe sein wird, die Stadt zu schützen. Ich weiß auch nicht recht, wie ich das anstellen könnte. Mir fallen die Lawinen-Verbauungen ein. Ich entschließe mich, Lawinen-Verbauungen machen zu lassen und an deren Rückseite Wasserleitungen zu ziehen, um viele Bäume zu pflanzen. Ich suche Menschen, die mir helfen. Aber niemand sieht ein, dass meine Idee gut ist. Ich werde missmutig, bin aber entschlossen, die Lawinen-Verbauung zu errichten.«[3]

Kurz zuvor hatte der Träumer ein Oasen-Städtchen ähnlicher Art kennengelernt und sich stark davon beeindrucken lassen, wie wichtig der Kampf gegen den Sand dort ist. Die Bedrohung durch die Vergänglichkeit des Lebens ist in diesem Alter bewusster, bedrängender geworden, wie die erste Reaktion des Träumers auf diesen Traum zeigt: »Es kommt in der Wüste darauf an, dass man dem Angriff des Windes standhält, dass der Wind nicht einfach mit einem macht, was er will.« Der Traum zeigt, dass der Träumer zwar die Gefahr, die mit dem Vordringen der Wüste verbunden ist, ernst nimmt, dass er sich aber doch auch zu wehren lernt gegen die Resignation und das Ohnmachtsgefühl gegenüber dem stetigen Überhandnehmen der Wüste, angesichts dessen die Mitbetroffenen – auch dies sind Anteile von ihm selber – offenbar nicht recht bereit sind, Hoffnungsperspektiven und rettende Ideen mitzutragen. Deshalb muss auch der Träumer gegen den

aufkommenden Missmut im Traum kräftig an-
kämpfen, was er aber auch tut. Die schön angelegte Stadt mag für sein eigenes, kultiviertes Stück
Leben stehen, das er, Künstler von Beruf, sich tatsächlich aufgebaut und ausgebaut hat. Er spürt in
diesem Traum, dass es ihm etwas wert ist und er
es bewahren möchte vor den Naturgewalten, letztlich vor der Vergänglichkeit menschlichen Lebens. Da besinnt er sich auf eine Möglichkeit,
Kulturland und Siedlungen zu schützen, die sich
in seiner schweizerischen Heimat bewährt hat,
auch angesichts einer immer überlegenen und oft
überwältigenden Natur, nämlich Lawinen-Verbauungen anlegen zu lassen. Auch wenn es letztlich keinen Schutz gibt gegen den Tod, so bleibt es
doch sinnvoll, das Leben und das Gestaltete zu
schützen, so lange es geht.

Was bedeutet der Traum speziell in der Lebenssituation dieses Künstlers? Er entdeckt hier, im
Bilde der auch architektonisch schön gestalteten
Stadt, noch einmal neu, dass er in seinem Lebens-
werk bereits sehr Schönes geschaffen hat und es
ihm auch wert ist, geschützt zu werden. Damit
kompensiert der Traum eine längere Phase der
Entmutigung bei ihm, in der ihm angesichts der
Zeitbedingtheit und der Vergänglichkeit aller
Dinge sein Werk selber wie entwertet vorgekom-
men war, bedroht von dem vordringenden Sand

der Vergänglichkeit, der alles zudeckt. Der Traum fordert ihn heraus und zeigt ihm auch seine Ressourcen und Einfälle: das schöpferisch Jugendliche in ihm, das er dem Verschüttetwerden entgegensetzen kann. Im Schutze der Lawinen-Verbauungen gedenkt er Wasserleitungen anzulegen und Bäume zu pflanzen, nicht nur die alte Stadt also, sondern auch das neu angelegte Leben zu behüten, dazu den Energiezustrom, das Wasser also, zu sichern und dafür zu sorgen, dass alles in Fluss bleibt. Dies ist eine typische Einsicht des mittleren Erwachsenenalters, wie sie bei Überschreitung der 50er-Schwelle gemacht werden kann, aber auch gemacht werden muss, wenn das wachsende Bewusstsein von der Vergänglichkeit des Lebens, unseres Werkes, ja unsere Sterblichkeit uns nicht in bloße Ohnmachtsgefühle und Resignation stürzen soll. Es ist der Mut des »ernüchterten Menschen« (Guardini[6]), das im Leben Gestaltete zu bewahren und vor der Vergänglichkeit zu schützen, auch wenn sie es eines Tages einholen wird.

Einverständnis
Das spätere Erwachsenenalter

> … Dränge sie zur Vollendung hin und jage
> die letzte Süße in den schweren Wein.
> *Rainer Maria Rilke*

Der Übergang vom mittleren zum späteren Erwachsenenalter, das die Spanne vom 55. bis zum 75. Jahr umfasst, wobei man ab 65 vom späten Erwachsenenalter sprechen sollte – kündigt sich in folgendem Traum einer Frau dieses Alters an:

Im »Oldtimer«: ein neues Lebensgefühl

»Ich fahre mit einem Oldtimer durch die Gegend. Es ist noch kein ganz richtiger Oldtimer, sondern so eine alte Zitrone (Citroën), wie man sie von den Kriegsfilmen und aus den Nachkriegsjahren kennt. Er hat ein offenes Verdeck, das gibt ihm doch eine gewisse Sportlichkeit. Ich bin unzufrieden im Traum, dass man mir diesen Wagen zugeteilt hat, kann das nicht verstehen, auch weil mich andere mit Alfa Romeo usw. überholen. Mit der Zeit beginne ich es zu genießen. Ich kann die

Landschaft sehen, es geht ziemlich gemächlich. Ich denke, fürs Alter sei dieses Auto vielleicht doch nicht so schlecht. Bloß das Verdeck macht mir Sorge: Wenn es zu regnen beginnt, muss ich mich beeilen – und: Was mache ich bloß im Winter?«[1]

Die Träumerin berichtet den Traum nicht ohne Selbstbewusstsein, aber auch mit ambivalenten Gefühlen: So einen alten Citroën hätte sie eigentlich ganz gern, aber auf Oldtimer könne man sich ja nicht verlassen, es sei problematisch mit den Reparaturen. Und ob man überhaupt eine Werkstatt für solch einen Oldtimer fände? Diese Citroëns seien andererseits ja wunderbare Autos gewesen, und das offene Verdeck, das habe sie ganz versöhnt mit diesem Gefährt. Sie verstand die Botschaft des Traumes. Er empfiehlt ihr, mit ihren späteren Jahren Ernst zu machen und sich dementsprechend symbolisch einen Oldtimer zu kaufen, der ihr auch erlaubt, sich gemächlicher, zugleich stilvoller durch die Landschaft zu bewegen. Durch seine Form, aber auch durch sein offenes Verdeck wird der Oldtimer zu einer, wie sie sagt, »recht aparten Erscheinung«, mit der sie sich durchaus anfreunden kann. Der Traum weist die Träumerin allerdings auch auf ihre Tendenz hin, sich immer wieder mit anderen, flotteren, jüngeren zu messen und damit die Lebensphase, in der sie steht, abzuwerten, vielleicht auch in der ihr eigenen Schönheit zu verpassen. Denn der Oldtimer hat durchaus eine sehr aparte Form, die ihr auch liegt. Es wäre ihr adäquat, die besondere Form ihres Alters auch zu zeigen und mit einem gewissen Charme dazu zu stehen. Auch sieht sie in ihm viel mehr von der Landschaft als früher in schnelleren Wagen. Solange sie die Konkurrenz mit anderen, schnelleren Wagen aber nicht überwindet, kann sie sich ihrer Situation nicht freuen. Das einzige, was wirklich ungelöst bleibt, ist die Frage mit dem Verdeck. Sie weiß noch nicht, was sie tun soll, wenn es regnen wird und gar, wenn der Winter einbricht. Darin ist eine echte Angst vor dem noch höheren Alter verborgen, eine Angst vor Schutzlosigkeit.

Kürzlich stellte eine geistvolle Dame, derzeit 72 Jahre alt, also bereits im späten Erwachsenenalter, in einem Vortrag die Frage, ob wir Älteren nun eher ein Auslaufmodell werden wollten oder eine Antiquität[2] – eine Frage, die aus einem ähnlichen Erleben wie in dem eben besprochenen Traum entspringen mag: Zwei Bilder, zwei Modellvorstellungen für das Alter legt sie hier vor. Man kann sich selber als ein überholtes Auslaufmodell verstehen oder aber als eine Antiquität, die einen eigenen Wert hat und, wie wir wissen, oft sehr hoch im Kurs steht.

Ressourcen gelebten Lebens

Das Entdecken der Ressourcen kommt besonders schön in einem Traum zum Ausdruck, den eine Frau bereits an der Schwelle ihres 50. Geburtstages träumt, der aber auch an der 60er-Schwelle geträumt worden sein könnte.

In diesem Traum träumt sie sich selber mit Freundinnen und Freunden aus den unterschiedlichsten Phasen ihres Lebens auf ihrer Geburtstagsfeier: Mit einer Flüchtlingsfamilie aus Guatemala, einfachen, warmherzigen Leuten, die wohl für ihre letzte Berufsphase im Entwicklungsdienst stehen; mit einem alten Linken aus der 68er Bewegung, der ihr durch seinen politischen Horizont und seinen Mut immer imponiert hatte. Er steht für ihre sozialpolitisch engagierte Phase. Zu der Tischrunde gehört aber auch ein feinfühliger, musisch empfindender Theologe, der ihr einmal viel bedeutet hat. Ihr leiblicher Bruder gehört dazu, der ihr oft und gerne widerspricht und ihr doch in vielem gleicht. Und schließlich findet sich in dieser Runde eine feine, beseelte junge Frau in einem hellen Kleid, von der sich die Träumerin besonders angezogen fühlt, mit der sie spontan anstößt, um gemeinsam mit ihr ein Glas Rotwein zu trinken.

Diese junge Frau, die es in der Wirklichkeit noch nicht gibt, ist die eigentliche Überraschung dieses Traumes und deutet den Lebensübergang an. Sie stellt nichts anderes dar als die innere Schwester, die andere Seite der Träumerin selber, die deren tatkräftige, sozialpolitisch engagierte Art von nun an durch eine zarte, nach innen gewendete Seite ergänzen kann. Sie ist jung, hat eine offene Zukunft und viele Möglichkeiten vor sich. Als solche ist sie die zukunftsträchtige Seite der Träumerin, die jetzt aktuell wird.

Dieser Traum zeigt sehr anschaulich, wie zum 50. Geburtstag alle Phasen eines auf vielen unterschiedlichen Ebenen gelebten Lebens wieder zusammenkommen können, eingeholt, aufgehoben, so dass wir ganz zu uns selber kommen, wobei auch lange vernachlässigte oder auch abgeblockte Züge unseres Lebens, seien es nun die, die der unerschrockene alte Linke, oder die, die der feinsinnige, meditative Pfarrer verkörpert, wiederkehren. Dies ist im Übrigen einer der Träume, in denen die Frau von ihrer inneren Anima-Gestalt träumt, die den ansonsten weitgehenden Animusbezug der Träumerin – außer ihr sind lauter Männer zu Gast – wirkungsvoll um Weibliches ergänzt.

Weißes Licht

Eine andere Frau, von deren Traum eingangs schon die Rede war, vermag in diesem Alter zum ersten Mal ihre vergangene und teilweise verschüttete Lebenslandschaft ganz auszuschreiten, durchwandert sie wie eine antike Ausgrabungsstätte: am zerstörten Regierungssitz und Thronsessel vorbei, am Kerker der Gefangenen, an einer geheimnisvollen, von viel menschlichem Leid zeugenden Säule, wo die Träumerin, die sonst lieber für sich allein ist, auf einen sachkundigen Mann trifft, der, nachdenklich und ergriffen wie sie selber, diese Säule intensiv betrachtet. »Da tritt hinter der Säule ein Mann mittleren Alters, ein Arzt hervor. Er hatte sie betrachtet und wechselt nun, in tiefen Gedanken an mir vorübergehend, zur anderen Seite hinüber. Ich fühle mich gestört. Er gehört nicht zu unserer Gruppe. Ich wähnte mich hier allein. Aber sein stiller Ernst, der etwas zu begreifen scheint, lässt mich seine Anwesenheit respektieren.«

Zuletzt führt sie der Weg einige Stufen hinab in ein altes antikes Bad, das einen besonders schön gestalteten und geschmückten Bodenbelag zeigt. Schon im Traum sieht sie das Wasser, das hier einmal hervorströmte, so klar vor sich, dass es fast wieder zu strömen beginnt. »Fast sehe ich es sprudeln, so dass man unten duschen, möglicherweise in dem Bassin auch baden konnte. Wir überlegen, schließlich könnte es sogar warmes Wasser gewesen sein, also ganz komfortabel.« An dieser Stelle wird der Traum für sie ganz lebendig und präsent: Es geht um sie selbst, die nach dem Bilanzieren ihrer zerstörten, wenn auch ehrwürdigen Lebenslandschaft – indem der ehemalige Regent gestürzt ist und auch die Gefangenen nicht mehr festgehalten werden können – vor der Frage steht, ob es für sie noch ein regenerierendes Bad geben könne. Seit sie den Mann an der Säule wahrnahm – ein Symbol ihres Therapeuten, wie sie sich selber sagt –, weiß sie auch um jemanden, der an ihrem Lebensschicksal teilnimmt, was sie nach einem Moment der Scham – glaubte sie doch lange, alles alleine bewältigen zu können – nun doch auch ermutigt.

In einem Brief, in dem wir Gedanken über den Traum austauschen, schreibt sie hierzu: »Beschwerlich ist es doch immer, sich über Gewesenes oder gar neu zu orientieren: ›Orient‹ weist nach Osten, dass einem ein Licht aufgeht.« Und sie fügt etwas äußerst Bedeutsames hinzu, was sie bisher noch nicht erwähnt hatte: »Über das ganze Traumbild in seiner Weite, um die Pfeiler der Porta Aurea, dort und hinter den Fensterarkaden, flutet ein weißes, mediterranes Licht.« Über der ganzen Traumlandschaft liegt also eine einheitliche Lichtatmosphäre, die alle Einzelheiten zu einer Einheit zusammenschauen lässt. Dazu ist es besonderes Licht: mediterranes von großer Intensität und Klarheit, das Licht, das die großen Maler zu Beginn der Moderne inspirierte, die es künstlerisch zum Licht ihrer Bilder transformierten, Maler, die der Träumerin etwas bedeuten! Darüber hinaus ist es »weißes Licht«, ein nicht nur atmosphärischer, nicht nur künstlerischer, sondern ein mystischer Terminus, von Schauenden und Wissenden in Ost und West gebraucht. Wo »weißes Licht« einbricht, geht es um letzte Erkenntnis, geht es um das Licht der Transzendenz. Dies ist ein Aspekt, der der Träumerin anfangs wohl befremdlich erschien. Dennoch gehört es entscheidend zu diesem Traum, als wolle es anstelle des verlorenen Gottesbildes, jenes gestürzten Tyrannen, als klare, erhellende, ja erleuchtende Lichtatmosphäre die Lebenslandschaft der Träumerin durchdringen und deren schroffe Kontraste miteinander verbinden. Hier deutet sich auch ein möglicher Übergang in eine neue spirituelle Entwicklung hinein an.

Wegweisend und nährend:
Die Ankunft der Muttergottes-Ikone

Bereits vier Monate früher hatte die gleiche Frau einen erstaunlichen Traum geträumt, in dem ihr auf einem Fluss eine Madonnen-Ikone, die Tichvinskaja, ein Typus der »Wegführerin« (ein Hodigitria-Typ) entgegentreibt. Der Traum lautet in ihrer eigenen Niederschrift:

»Auf der inneren von fünf Linien, Notenlinien, gleitet eine Ikone. Es ist der Fluss, auf dem die Tichvinskaja, ein Hodigitria-Typ, das ist ›Wegführerin‹, dahintreibt, zu deren Legende gehört, dass sie auf dem Sjas bei Tichvin an das Ufer geschwemmt wurde. Im Näherkommen wandelt sie sich in die Lucca-Madonna des Jan van Eyck, einer Lactans.«

Die »Lactans«, das ist der Ikonentyp einer stillenden Madonna. Im Herantreiben auf dem Fluss – sie wird landen, sagt die zugehörige Legende – verwandelt sich diese Marien-Ikone vom Typ der Wegführerin sogar in den einer stillenden Madonna. Zu den Assoziationen um die Madonna des Jan van Eyck gehört auch, dass die Großmutter der Träumerin eine geborene »Eick« war. Die Madonna, eine Wegweisende, Nährende, Stillende, verbindet sie also mit dem mütterlichen, dem großmütterlichen Element ihrer Familie. Der ganze Traum zeigt eine Verbindung mit der großen Mutter an: Die Ikone gleitet auf der mittleren von fünf Notenlinien zu ihr heran, also wie eingebettet und geleitet von Musik. Musik im Traum zeigt immer an, dass das entsprechende Bild von einem starken, tiefen Gefühlston begleitet ist. Wegführerin und stillende Mutter möchte ihr das Ikonen-Gottesbild also werden, das vom Lebensfluss zu ihr herangetragen wird.

Die wartende Kutsche der Anima

»Vor meinem Firmengebäude wartet eine Kutsche, gelenkt von einer attraktiven und klugen Frau. Sie sagt zu mir: ›All die Jahre, die du in der Firma warst, habe ich schon auf dich gewartet.‹ Ich steige begeistert ein und habe mit dieser Frau und dieser Kutsche die interessantesten Erlebnisse, vor allem auch in solchen Bereichen, in die ich mich mein Leben lang bisher nicht vorgewagt habe.«

Eine Anima-Gestalt zeigt dem Träumer, dass auch jetzt noch neue Entwicklungsmöglichkeiten bestehen, im erotischen und im intellektuellen Bereich, die durch die Berufswelt lange genug blockiert gewesen waren. Er besucht, inspiriert von dieser inneren Traumfrau, die Universität des dritten Lebensalters, wo er seine früheren Lieblingsfächer Philosophie und Physik hört, lernt auf der Zugfahrt zu der Universität immer wieder einmal interessante Menschen kennen, wagt sich gelegentlich auch mit einer attraktiven Frau ins Gespräch. Schließlich greift er seine alten Hobbys Reiten und Bergwandern wieder auf, sein Leben füllt und belebt sich wieder, auch mit einem neuen Freundeskreis. Die innerste Belebung aber besteht in dieser Anima-Gestalt, die, wie sie sagt, »während all seiner Berufsjahre schon auf ihn gewartet hat« und ihm nun die Inspiration seiner Seele vermittelt.

Eine Heimat zum Mitnehmen

Eine schöne Möglichkeit dieser Altersstufe ist, dass sich aus dem Abstand heraus auch ein mildernder Blick auf traumatisierende Erlebnisse der Lebensgeschichte ergibt. So vermochte eine Frau jenseits der 60 zum ersten Mal das Schicksal der Vertreibung, das sie seit ihrer Jugend traumatisiert hatte, mit neuen Augen zu sehen:

»In einem russischen Schiff fahre ich an der Kurischen Nehrung vorbei und sehe die Landschaft meiner Kindheit noch einmal in vollem Glanz. Ich fahre an all den Orten und Häusern noch einmal vorbei, die mir etwas bedeutet haben, und grüße innerlich die Menschen, die heute dort wohnen. Aber auch das Schiff erscheint mir schön, ich habe ein versöhnliches Gefühl, auch wenn ich weiß, dass ich nie mehr hier werde leben können.«[3]

Sie weiß angesichts dieses Traumes zugleich, dass ihr niemand mehr nehmen kann, was jene Zeit an der Kurischen Nehrung für sie bedeutet hat und was sie ihr als »innere Heimat« bis heute ist.

Begegnung mit »Schwester Tod«

Eine andere Frau, damals im 57. Jahr stehend, die nach der Diagnose von Gallenkrebs nur noch fünf Monate zu leben hatte, träumte, als sie die Ahnung ihres nahen Endes nicht mehr vor sich verbergen konnte, den folgenden Traum, der sie erschütterte und zugleich tröstete:

Eine dunkle Frau, dunkel in Kleidung, Hautfarbe und Ausstrahlung, kommt, um sie abzuholen. Die Träumerin erschrickt zutiefst. Doch da verspürt sie auf einmal etwas Vertrauenerweckendes in dieser dunklen Frau, etwas Erdhaftes, Warmes, von dem sie fühlt, dass sie sich ihm anvertrauen kann.

Vor allem verwundert und überrascht sie der äußerst farbenfrohe und abenteuerliche Hut, den diese Frau trägt. »Es gibt also Farben auch dort, woher diese Frau kommt und wohin sie mich führen wird«, schließt die Träumerin aus diesem Hut und wagt es nun, ihren Widerstand aufzugeben und sich unter das Geleit dieser Frau zu stellen.

Der Träumerin war nach diesem Traum klar, dass es keinen anderen Ausweg gäbe, als sich dieser dunklen Macht anzuvertrauen, die sie unwiderruflich zum Mitkommen aufforderte. Es war für sie keine Frage, dass ihr in dieser Frau – es war fraglos eine Frau – die »Schwester Tod« begegnete, wie auch Franz von Assisi sie nannte, die nun kam, um sie abzuholen. Als sie wagt, sich auf die zunächst erschreckende Gestalt näher einzulassen, als sie sie anblickt, verändert sich der Eindruck von ihr auf bewegende Weise. Hinter der Dunkelheit ihrer Kleidung, ihrer Haut und ihrer Ausstrahlung wird das Erdverbundene spürbar, das auch zu dieser Frau gehört und das der Träumerin, die sich selber in vielfacher Hinsicht mit der Erde verbunden fühlt, Vertrauen einflößt. Endgültig weicht das Grauen von der Träumerin, als sie den farbenfrohen abenteuerlichen Hut dieser Botin von drüben wahrnimmt. Damit hat sie nicht gerechnet, doch es tröstet sie zutiefst, da sie als Malerin und Batikerin mit Farben vertraut ist und in Farben lebt. Wo Farben sind, da ist für sie Leben in irgendeiner Form. Wenn nun selbst die Todesbotin, die »Schwester Tod«, offenbar Sinn für Farben und sogar für abenteuerliche Hüte hat, dann hat sie etwas von dem, dem die Träumerin sich anzuvertrauen wagt. Dann »stimmt« diese Begegnung für sie, so überraschend und bedrohlich sie zunächst auch in ihr Leben einbrach. Auf diesen Traum hin konnte die Träumerin bemerkenswert gesammelt und jedenfalls frei von Panik in den Sterbeprozess der darauf folgenden Wochen hineingehen, solange sie sich aufrecht halten konnte.

Bescheidung
Das höhere Alter

> Heiterkeit, güldene, komm!
> *Friedrich Nietzsche*

Im höheren Alter nun, der Spanne zwischen dem 75. und dem 90. Jahr, erfolgt irgendwann der endgültige Rückzug, auch wenn es manchen Menschen vergönnt ist, bis ins 90. Jahr hinein frisch und körperlich so weit beweglich zu bleiben, dass sie Vortragsreisen machen und Treffen früherer Seminarteilnehmerinnen besuchen und mit gestalten können, wie es eine meiner frühesten theologischen Lehrerinnen noch kann.

Für Unwissende sei das Alter wie Winter, meinte Voltaire, für Gelehrte sei es Weinlese und Kelter, und dabei meinte er gewiss nicht Stubengelehrte, sondern eher vom Leben gelehrte Leute. Egoismus und starres Festhalten am sich entziehenden Leben oder aber gelassenes, weises Hingeben des Willens sind die beiden Möglichkeiten, die von alten Menschen oft wechselweise realisiert werden und mit denen die langsame Rückorganisation des Ich-Komplexes auf das Körper-

Ich hingenommen wird. Allmählich kann auch der Ich-Komplex an Kontinuität verlieren.

Im Grunde tendiert unser Leben, so scheint es mir immer mehr, auf die Fähigkeit des Sich-hin-geben-Könnens hin – an das größere Selbst, das letztlich mit dem Selbst der ganzen Menschheit vernetzt ist, mit der Anima mundi, die das Einzel-wesen zuletzt wieder in sich aufnimmt und auf-hebt. Zuletzt ist das Sich-Hingeben an den Tod von uns verlangt, der ursprünglich ein Archetyp der Wandlung ist –Wandlung auf eine neue Ge-burt hin?

Die Zeit des grauen Königs

Etwas von diesem Gelöstsein spricht aus dem Traum einer 76-Jährigen, in dem sie sich in einer weiten norddeutschen Landschaft vorfindet, ihrer Lieblingslandschaft, die sich unter einem weiten, von hohen Wolkenfeldern durchzogenen Himmel hindehnt. Über allem liegt als Atmosphäre und Stimmung ein lichtes, sanftes Grau. Es ist herbst-lich und doch hell, leicht dunstig. Der graue Kö-nig habe den roten abgelöst, heißt es in dem Traum.

Diesen Traum träumt sie nach einer für sie sehr beglückenden Spätsommerreise, die sie ge-meinsam mit einer Freundin durch die nördlichen

Ebenen von Mecklenburg-Vorpommern gemacht hat.

Das jetzt in der Phase des Alters bestimmende und beherrschende Prinzip – so deute ich den »König«, von dem im Traum die Rede ist – ist nun das Graue, das sanft Verbindende, nicht mehr das Rote, das Kämpferische und Leidenschaftliche. Das »Rote« würde die Gegensätze und Gegenpole des Lebens aufreißen und konfrontieren statt sie zu versöhnen. Das dominierende Prinzip für diese 76-jährige Frau ist jetzt das Graue, der graue König, der den roten, der in den früheren Lebensphasen herrschte, abgelöst hat.

Für die Träumerin ist Grau auch ihre Lieblingsfarbe, eine vornehm-aparte, dabei zurückhaltende Note sowohl in ihrer Kleidung als auch in ihrem Wesen, und sie kann sich jetzt im Alter freier als zuvor dazu bekennen. Sie liebt das lichte Grau in der Atmosphärenmalerei eines ihrer Lieblingsmaler, Turner, sie liebt es in der Atmosphäre des frühen Herbstes über den norddeutschen Weiten, sie liebt es als Ausdruck ihrer späten Lebensphase und ganz besonders, nachdem sie über ihren phasenentsprechenden Traum reflektiert und im Freundeskreis über ihn gesprochen hat.

Zusammenschau

Wenn ich zusammenfassend noch einmal einen Überblick über die wichtigsten Übergangsphasen unseres Lebens in den jeweiligen Entwicklungsphasen zu geben suche, soll das nicht bedeuten, dass dies jetzt die Idealtypik eines Lebensverlaufes darstellt, demgemäß wir leben müssten, sondern es deutet sich darin nur das Tröstliche an, dass unser Leben wirklich einer weiträumigen Wanderkarte, einem Fahrplan folgt, der anzeigt, was eigentlich in der jeweiligen Phase möglich ist und angelegt wäre.

Trotzdem muss jeder von uns »zu Fuß«, wie es in etlichen Träumen heißt, seine individuellen Lebensphasen ausschreiten. Von Lebensphase zu Lebensphase sind, wie wir sahen, Schwellen zu überschreiten, Opfer zu bringen, die uns letztlich frei machen wollen für Neues. Immer wieder sind Übergänge zu bestehen, zu denen wir vor allem Zeit brauchen, Zeit für uns selbst, um sie zu verarbeiten.

Welches sind nun, zusammenfassend betrachtet, die jeweils wichtigsten Entwicklungsimpulse, die das Selbst im Laufe der Lebensjahrzehnte an den Menschen, an das Ich heranträgt? Ich beschränke mich hier auf die bisher zu selten beachteten Impulse für den Erwachsenen ab 30:

Bei der Überschreitung der 30er-Schwelle kommt es darauf an, die Experimentierphase der Adoleszenz hinter sich zu lassen. Zum ersten Mal einigermaßen abgelöst vom Vater- und Mutterkomplex sich selber zu erfahren, sich ins Leben einzulassen, um sich selber künftig als väterlich und mütterlich zu erleben, was mit eigenen Kindern, aber auch ohne sie möglich ist. Das Thema heißt Verbindlichkeit und Verwirklichung. Dabei gilt: Wer die 30er-Schwelle nicht schafft, für den kann die 40er-Schwelle doppelt schwierig werden. Es gilt, in diesem Leben eine Spur zu legen, an der wir und andere uns unverwechselbar erkennen. Sonst blieben wir auswechselbar.

Bei der Überschreitung der 40er-Schwelle vollzieht sich zugleich die Überschreitung der Lebensmitte: Es wird bewusst, dass wir jeweils nur noch die zweite Hälfte unseres Lebens vor uns, aber auch erst die eine Hälfte des uns Möglichen gelebt haben. Falls wir phasenentsprechend leben konnten, wozu auch die Findung eines Arbeitsplatzes gehört, das Eingehen einer verbindlichen Beziehung, sind wir mit 40 zwar etabliert, integriert, perfektioniert in unserem Fach, haben ein gewisses Ansehen und Erfolg, doch nun stehen wir vor der grundsätzlicheren Frage: Was soll das alles letztlich? Mit der Überschreitung der 40er-Schwelle setzt eine Phase der Umkehr ein, eine Ernüchterung, die erneute Selbstkonfrontation und Auseinandersetzung mit der bilanzierenden Frage bedeutet: Was ist erfüllt, was ist nicht erfüllt in meinem Leben? Indem ich Begrenzungen meiner selbst wahrnehme, das Mögliche realistisch einschätze, erhebt sich das Problem: Was fange ich mit dem noch vor mir liegenden Teil meines Lebens an und vor allem mit dem, was von meiner bisherigen Identität geblieben ist? Für die Frau bedeutet diese Phase zugleich Ablösung von einem Körper, der empfängnis- und gebärfähig war, der »Reproduktion« erlaubte, und verlangt, eine neue Identität als Frau zu suchen und zu finden, sich auch in einer überpersönlichen Weiblichkeit zu verankern. Die Entwicklungsaufgabe für beide Geschlechter besteht in der Entscheidung, Generativität zu entwickeln, statt im Neid auf die Jüngeren und in der Selbstabsorbation steckenzubleiben, und dabei die Ablösung der Kinder beziehungsweise der Schüler und Studenten und zugleich das Altwerden der Eltern zu bestehen, also eine doppelte Ablösung zu vollziehen. Für dies alles ist die Zeit zwischen 40 und 50 zugleich noch wie eine Übungsphase, während es zwischen 50 und 60 ernst damit wird.

Beim Überschreiten der 50er-Schwelle geht es

um das Einwilligen in die nötigen Umwertungen, die die sichtbar werdenden bio-psycho-sozialen Einschränkungen mit sich bringen. Es bedeutet, den langsamen, aber unaufhaltsamen Alterungsprozess zu akzeptieren. Ein Bedenken der Situation auf das hin beginnt, wofür man sich noch oder wofür man sich gerade jetzt und erst recht einsetzen will. Eine Auswahl wird getroffen, Prioritäten werden gesetzt und ein gezielterer Einsatz der Kräfte wird versucht. Dieses Alter bedeutet die große Krise, aber auch die letzte Chance, den Narzissmus, die Eitelkeit, die egozentrische Selbstliebe zu bewältigen: Das biologische Alter gibt die Chance, sich die Begrenzungen objektiver einzugestehen als bisher, sich in den gegebenen Grenzen besser einzurichten, zumal man sie jetzt mit allen anderen Altersgenossen teilt. Es kann so endlich zu einem Einverständnis mit den Werde-Bedingungen des Lebens und damit auch mit dem eigenen Gewordensein kommen.

Jenseits der 60er-Schwelle eröffnen sich für diejenigen, die ihren Narzissmus einigermaßen bewältigt haben, neue Freiheiten, das zu tun, was sie schon immer tun wollten und was jetzt vor allem ansteht. Im Sinne der Alten Weisen, des Alten Weisen nimmt man nur noch punktuell Einfluss auf das öffentliche Leben, das Leben der Jüngeren, und überlegt von Fall zu Fall um so genauer und bewusster, wo man andere Menschen oder auch wo man eine Sache mit auf den Weg bringen will.

Das Leben erwartet von uns offenbar eine Überwindung des Narzissmus und des Egoismus, ein schrittweises Aufgehen in einem uneigennützigen Dienst am größeren Ganzen, die Bescheidung, die der Alterungsprozess mit sich bringt, und schließlich die Einwilligung in den individuellen Tod, in das Sterben des Individuums, das man geworden ist.

Die Phasen des Lebens aber, die Lebensübergänge, die gerade für uns selber dran sind, zu erkennen, dazu helfen uns wie wenig anderes die Träume. Uns in sie zu vertiefen bedeutet, die fälligen Übergänge ernst zu nehmen und sie innerlich und symbolisch auszuschreiten. Was das Leben von Stufe zu Stufe wachsend von uns will und fordert, ist offensichtlich die Überwindung der engherzigen Egozentrik durch eine Öffnung in das größere Ganze der Mitwelt und der Innenwelt hinein, das uns umfasst und trägt und schließlich die Bereitschaft ermöglicht, in dieses größere Ganze hinein aufzugehen, wozu schließlich auch das Sterben gehört.

Anmerkungen

Erwartung – die Adoleszenz

1 Vgl. Kast, Verena (1986), Traumbild Wüste, Olten und Freiburg, S. 75
2 Erikson, Erik (1988), Der vollständige Lebenszyklus, Frankfurt, S. 70 ff., S. 76 f., S. 96
3 Kast, Verena (1984), Paare. Wie Götter sich in Menschen spiegeln, Stuttgart, S. 158–176

Verwirklichung – das frühe Erwachsenenalter

1 Kast, Verena (1987), Traumbild Auto, Olten und Freiburg, S. 30 f.
2 Riedel, Ingrid (1986), Traumbild Fuchs, Olten und Freiburg, S. 75 f.
3 Kast, Verena (1994), Luftträume, Solothurn, in: Riedel, Ingrid, Hrsg. (1994), Die vier Elemente im Traum, Solothurn, S. 58
4 Rieß, Gisela (1994), Feuerträume, in: Riedel (1994), a.a.O., S. 231 f.
5 Vgl. Kast, Verena (1988), Das Paar – Mythos und Wirklichkeit, in Pflüger, Peter Michael, Hrsg. (1988), Neue Werte in Liebe und Sexualität, Olten, S. 13
6 Jung, Carl Gustav (1990), Mysterium Conjunctionis, GW XIV / II, (1984, alle Olten und Freiburg)
7 Riedel (1986), a.a.O., S. 30 f.

Ernüchterung – das mittlere Erwachsenenalter

1 Kast (1994) in: Riedel (1994), a.a.O., S. 42
2 Jung, Carl Gustav (1977, 2. Aufl.), Symbole der
   Wandlung, GW V, Olten und Freiburg, S. 376 f.
3 Kast (1986), Sisyphos, Der alte Stein, der neue Weg,
   Zürich, S. 56

Einverständnis – das spätere Erwachsenenalter

1 Kast (1987), a.a.O., S. 93 f.
2 Schönfelder, Thea (1995), Der Lebensübergang ins
   Alter, S. 104 in: Egner, Helga, Hrsg. (1995), Lebensübergänge oder der Aufenthalt im Werden, Solothurn,
   S. 97–113
3 Kast, Verena (1982), Trauern. Phasen und Chancen
   des psychischen Prozesses, Stuttgart, S. 50 ff.

Bibliografische Information der Deutschen Bibliothek
Die Deutsche Bibliothek verzeichnet diese Publikation in
der Deutschen Nationalbibliografie; detaillierte
bibliografische Daten sind im Internet über
http://dnb.ddb.de abrufbar.

Auszüge aus dem Buch
Ingrid Riedel, Träume – Wegweiser in neue
Lebensphasen, © 1997 Kreuz Verlag, Stuttgart

© 2009 Verlag Kreuz GmbH
Postfach 80 06 69, 70506 Stuttgart

www.kreuzverlag.de

Alle Rechte vorbehalten
Umschlaggestaltung: [rincón]² medien GmbH
Umschlagbild: © plainpicture/Zommer, K.
Satz: de·te·pe, Aalen
Druck: CPI – Clausen & Bosse, Leck

ISBN 978-3-7831-3237-3

Liebesregeln für das Glück

Der bekannte Paartherapeut Hans Jellouschek
formuliert hier aus seinem Gesamtwerk
die 10 Liebesregel für das Glück. Er gibt damit wertvolle und
verständliche Anleitungen zum besseren Zusammenleben
und zu einer harmonischeren Beziehung.
Ein kleines Buch, das große Wirkung entfalten kann!

Hans Jellouschek
10 Lebesregeln für das Glück
Hardcover, 96 Seiten
ISBN 978-3-7831-2716-4

www.kreuzverlag.de
Was Menschen bewegt